JN409503

꽃들의 가슴을 울려
향기를 듣겠다

달맞이꽃 울 엄마

달맞이꽃 울 엄마

이종화 수필집

수필과비평사

책머리에

내게 있어서 글쓰기는 치유 과정이다. 소중한 것들의 상실과 사랑하는 이와 이별 뒤에 겪는 아픔을 추스르는 방식이다. 어린 시절 아버지를 여의고, 정든 고향 집을 떠나 이사를 다니면서 친구들과 헤어져야 하는 지난 시공간에 관한 기록이다. 가슴 깊은 곳에 그렇게 많은 그리움과 보고픔이 쌓여 있었다니, 놀랄 일이다.

수필을 쓰면서 나는 치유되고 성장했다. 글 속에 가족, 친구들과 제자들이 수시로 드나들었다. 나 자신과 밀착된 사람들에 대해 쓴 글을 모아 보니 가족과 고향, 친구들과 학교 이야기가 대부분이다. 그중에서도 평생을 함께한 친정 엄마에 관한 글이 가장 많다. 그 다음이 친구와 제자들이다.

내 글은 타인과의 시간과 공간이 내밀하게 연결되어 있다. 내 마음의 고향 경주에서부터 어린 시절 놀이터였던 언양, 청소년 시기를 수놓은 부산, 초임지 지리산 산청, 현재 살고 있는 울산의 기억들을 이어주는…. 그 시공간에서 함께한 내 주변의 이야기가 고스란히 담겨있다. 어쩌면 사는 동안 기쁨은 몸속에서 발효되어 향기로 퍼졌고, 쓰리고 아픈 시간들은 이야기로 뿜어 나와 진주 목걸이처럼 연결되어 있는 것이다.

글쓰기는 무엇보다 바쁜 일상에서 벗어나 조용히 나 자신을 만나는 시간이고, 사람들과 어울리는 시공간 속에서 내 마음을 들여다본 나만의 여행이었다. 시간의 강江을 건넌다. 상실감과 그리움과 외로움을 실은 배를 떠나보내고 이제 기쁨과 사랑, 행복을 실은 내 마음의 배가 운항 중이다.

여기저기 발표했던 글을 모아 책으로 엮는 일은 새로운 기쁨이다. 아쉬운 것은 기억에는 있는데 흔적을 찾지 못한 몇몇 글이다. 내 삶의 큰 보람이요, 또 다른 보물창고인 여행에 관한 글을 아직 쓰지 못하고 있다. 가족과 함께 갔던 이집트 여행과 인도 여행을 글로 남기고 싶었는데, 여태 마음속에서 나올 줄 모른다.

한 권의 책을 내면서 감사를 전해야 할 사람이 무척이나 많다. 글쓰기에 도움이 되고, 배경이 되고, 대상이 되어준 모든 이들에게 감사한다. 늘 바쁘게 살아온 내 곁에서 삶의 길잡이가 되어주는 남편과 내딛는 내 걸음걸음에 힘을 실어주는 두 아들 능인, 한림에게 감사한다. 그리고 직장이라는 삶터에서 함께해 온 학생들과 동료 교사들에게 감사한다. 그 누구보다 나를 가장 자랑스러워하던 친정 엄마께 감사한다. 이 책을 당신의 상석에 가지런히 바치련다.

2019년 겨울에

'행복한 마음의 집'에서 이종화

차 례

제2부 내 마음의 등대

제3부 노랑머리 은희

1.

달맞이꽃 울 엄마

"엄마, 어서 일어나. 내가 엄마 기다리고 있는 거 안 보여?"

내 말을 들었을까, 거짓말처럼 엄마는 가만히 눈을 뜨신다. 햇살을 받으며 순순히 꽃잎을 여는 달맞이꽃처럼. 노랗고 창백한 일흔아홉 살 울 엄마. 앞으로 내가 엄마를 기다리는 날은 얼마나 남았을까.

모로 눕다

캄캄한 어둠, 영화를 보고 있는 방이 어둡다. 내 발끝에는 팔순의 엄마가 곤히 잠들어 있다. 잠결에도 빛이 느껴지는지 엄마는 옆으로 돌아누워 있다. TV에서 나오는 불빛이 푸르게 내 앞으로 밀려온다. 어둠과 적막 속에서 나는 죽음을 만나러 간다. 떠밀려서 가는 죽음이 아니라 스스로 죽음의 세계를 찾아 떠나는 여행이라, 혼자 보는 것이 조금은 두렵다. 〈나라야마 부시코〉라는 일본 영화를 추천받고 오랫동안 망설였다. 작별이라는 말만 들어도 눈물이 흐르는데, 고려장을 다룬 영화를 보는 것이 어찌 무심할 수 있으랴. 다행히 첫 시작 장면은 편안하게 느껴진다.

작은 마을이 눈에 덮여 있다. 마을 사람들 모두가 잠든 새벽이다. 할머니는 어린 아기를 업고 있다. 아이는 순하게 업혀서 할머니의 일을 방해하지 않는다. 할머니는 부엌에서 불을 지피고 아궁이에 솥을 걸고 밥을 한다. 할머니의 등에 얹힌 아기는 따뜻한 불기운 때문에 어느새 다시 잠이 든다. 시간이 얼마나 흘렀을까. 가족이 하나 둘 잠에서 깨어나 큰방에 모인다. 가족은 김이 모락모락 나는 밥과 된장국을 먹으면서 바쁘게 이야기를 한다. 상처한 아들은 겨울이 오기 전에 새롭게 아내를 맞이해야 한다. 장성한 손자도 여자를 맞이하고 싶다. 막내아들도 장가를 보내 달라고 조른다. 할머니는 근처 마을 과부를 맏며느리로 데리고 와야겠다고 아들에게 말한다. 큰아들은 말없이 밥만 먹고 있다. 손자가 철없이 떠든다. 자신도 여자를 데리고 오고 싶다고 말한다. 가족들은 서로 자신의 말만 하면서 대답을 기다리지는 않는다. 밥숟가락이 입으로 들어가는 속도만큼이나 바쁘게 쏟아놓던 말들이 식은 국처럼 뚝 끊어진다. 일순 짧은 적막이 흐른다. 할머니는 조용히 식사를 끝내고 설거지를 하러 우물가로 간다. 두레박을 들어 올리면서 조심스레 작은 돌멩이를 들어 자신의 앞니를 친다. 딱, 딱… 조용한 아침을 깨우는 소리. 입안에 흥건하게 고인 핏물을 물로 씻어내고 집으로 돌아온다. 새사람이 들어오면 나라산으로 떠나야 하는 자신의 처지를 잘 알고 있는 할머니가 아픔을 무릅쓰고 이빨을 부순다. 어느새 이웃 마을에서 맏며느리가 와 있다. 작은 옷 보따리만을 들고 나타난 여자는 매우 붙임성이 있다. 할머니는 한 가지씩 일을 가르친다. 여자가 집안일에 익숙해지면 할머니는 떠나야 한다. 어느새 아기도 할머니의 등을 떠나 새엄마의 넓은 등에 업혀 있다. 할머니의 손이 바빠진다. 감자와 고구마와 옥수수를 광에 가득 채운다. 소쿠리와 항아리에도 먹거리가 담긴다.

드디어 집을 떠나는 아침이다. 할머니는 주먹밥을 만들고 특별한 아침을 준비한다. 시끌벅적하던 아침 시간이 웬일인지 오늘은 조용하다. 할머니와 먹는 마지막 아침, 식사가 끝나고 할머니는 기모노를 벗어서 곱게 갠다. 가족들과 조용히 작별을 한다. 할 말을 삼킨 채 서로의 눈에 마지막 모습을 담아두고 할머니는 돌아선다. 남아 있는 가족들은 할머니의 모습이 사라질 때까지 집 앞에 서 있다. 큰아들의 지게에 앉은 할머니의 뒷모습이 나비 같다. 나라산에는 나라신이 기다리고 있다. 어린 시절부터 할머니의 할머니가 떠나갔고 자신의 어머니도 와야 했던 곳이다. 얼마나 걸어왔을까. 나라산에 닿는다. 까마귀가 소리 지르며 퍼덕거리고, 계곡에는 해골이 가득 쌓여 있다. 계곡 어디에도 엄마를 내려놓지 못하는 아들. 바위에 부딪힌 발에서 피가 난다. 지게에서 내린 엄마는 옷을 찢어 아들의 발가락을 묶는다. 헤어져야 할 시간이다. 아들의 지게를 두

드리며 떠나라는 엄마를 놓고 돌아서지 못하는 아들이 엄마를 껴안는다. 아들의 가슴에 담긴 칠순 노모의 작은 머리가 억새처럼 슬프게 흔들린다. 엄마의 머리카락을 더없이 소중하게 쓰다듬으며 오열하는 아들의 뺨을 후려치는 엄마, 내려가라고 아들을 세차게 민다. 돌아보지 말라는 엄마의 간절한 원을 가슴에 담고 휘적휘적 산을 내려오던 아들의 머리 위에 눈이 내린다. 아들은 다시 계곡으로 돌아간다. 흰 눈을 맞으며 두 손을 마주한 채 앉아 정신을 모으고 있는 엄마를 향해 소리 지른다.

"엄마, 눈이 오지요?"

살포시 감겼던 엄마의 눈에 작은 미소가 번진다. 엄마는 아들을 향해 가볍게 손을 흔든다. 흰 눈밭에 앉아 나라신의 곁으로 가기를 기원하고 있는 엄마를 보고 내려오는 아들은 조금 마음이 가벼워진다.

아들은 조용한 마을로 다시 돌아온다. 눈 때문에 수묵화로 그린 것처럼 아름다운 풍경의 마을이다. 아들은 슬픈 곡조의 노래를 읊조리며 일상을 시작한다. 눈은 멈출 줄 모르고 퍼붓는다. 한참을 숨죽이며 운다.

잠들어 있는 엄마가 깨어날까 걱정되어 나는 소리 내어 울지 못한다. 나라산에 앉아 죽음을 기다리는 할머니의 고요한 얼굴이 우리 엄마의 잠든 표정과 닮아 있다. 엄마는 모로 누워 잠든다. 모르는 중에 뒤척이다 바로 눕거나 엎드릴 때도 있지만 내가 본 엄마의 잠든 모습은 모로 누워 잠든 것이다. 아직은 엄마의 도움이 필요한 딸에게 못다 해준 것이 얼마나 많아 내 곁을 지키고 있는지. 마치 어느 한순간에 다른 곳으로 떠나도 쉽게 자리할 수 있도록 돌아누워 있는 것인지. 작은 미소를 던지는 어머니의 편안함이 영화 속에서 빠져나와 내게로 오지만 허공을 맴돌 뿐이다.

어둠 속에서 엄마를 다시 바라본다. 내 쪽으로 향해 모로 누운 엄마가 등을 돌려 눕는다. 이승과 저승의 갈림길에 선 듯 모로 누워 잠들어 있는 엄마의 마음이 전해져 온다. 나는 엄마의 등 뒤를 나비처럼 가볍게 다가가 껴안아본다. 어린 시절로 돌아간 듯하다. 어디에선가 죽음의 발자국 소리가 들리는 듯하다. 무섭지 않다. 엄마가 내 손을 놓고 떠나는 날, 훨훨 날아갈 수 있게 나는 내 몸을 더욱 가볍게 할 작정이다.

바람의 끝

서른이 찾아 왔을 때, 모두에게 그랬을까. 나는 아무 준비 없이 세수를 하고, 옷장을 열고, 머리를 빗고 외출을 했다. 밤바람이 불었다. 시골에서의 밤바람은 그 빛깔과 냄새가 다채롭다. 봄은 봄대로 여름은 여름대로, 나는 별들의 냄새를 맡으며 취한 듯 바람을 맞으며 걸었다. 걷다 보면 어느새 물 흐르는 소리가 들리는 다리 위에 발걸음을 멈추게 된다. 이곳 사람들은 구름다리라고 부르는 곳, 그곳에 서면 바람이 흐르는 강물과 이야기 나누는 것을 볼 수 있다. 형체도 없고 냄새도 없는 바람이 자유롭게 비행하며 세상을 보고 온 이야기를 하면 강물은 흐르는 소리가 달라진다. 가끔은 아파하면서, 때로는 슬픔에 들썩이면서, 기쁨과 희망으로 명랑해지면서 '돌돌돌' 흐르는 소리가 다양해진다. 이 땅에 존재하는 모든 것이 잠든 시간에 달빛과 안개와 바람만이 강물을 에워싸고 서로 어우러지는 풍경은 신비하여 더욱 아름답다. 오늘밤도 바람은 한낮에 본 상여꾼의 노랫소리에 구슬픈 곡조를 더하여 불어왔다. 누구인지 알지 못하는 어린아이들이 상여를 따르며 울고 있었다. 나는 알 수 없는 슬픈 감정에 목이 메어 손수건으로 눈가를 닦았다.

올해 2월, 설날을 며칠 앞두고 부음을 받았다. 시댁의 작은할아버지께서 별세하셨다. 여든 나이로 천수를 누렸음에도 할아버지를 보내는 할머니의 몸짓은 숯검정 같았다. 시신이 영구차에 실리고 우리도 차에 올랐으나 할머니는 여러 사람들의 만류로 집에 남기로 했다. 장지를 향해 출발하는 차창 너머로 할머니의 모습이 보였다. '풀썩' 주저앉아 그대로 재가 되어버릴 것 같은 신부를 두고 신랑은 어디로 가는 것일까. 꼬불꼬불 산길을 오르는 동안 차는 몇 번이고 멈추었고, 저승 가는 길에 힘이 드시는지 관 속의 할아버지도 한숨을 쉬는 듯했다.

할머니는 열일곱 나이에 할아버지와 혼인하여 딸 셋을 낳았다.

그러나 일제의 억압과 수탈이 심하던 때에 할아버지는 도일渡日하셨다. 그리고 몇 년이 지나도 감감 무소식, 그동안 광복이 되고 6 · 25동란까지 겪으면서 할머니는 혼자 농사 짓고, 시부모 공양하고, 딸들을 키웠다. 일본과의 외교가 정상화되자 할아버지는 고향으로 오셨다. 일본에서는 꽤 성공한 사업가가 되어 오셨지만 그곳 생활이 힘들었다며, 두 아들과 또 다른 아내가 있음을 시인하셨다. 할머니의 새로운 불행이 시작되었다. 차라리 기약 없는 기다림이 나았을까. 짧은 만남에 이른 긴 이별. 바다를 건너면 있는 사람, 맑은 날 해운대에서 큰 소리로 부르면 들릴 수 있는 곳에 기다리는 사람을 두고 살아가는 할머니의 고통도 모른 채 딸들은 푸념을 늘어놓았다. 세 딸의 방황까지 감싸 안으면서도 원망을 모르셨던 할머니.

지성이면 감천인가. 아니면 귀소본능이었을까. 작년 봄, 할아버지께서 예정에 없던 귀국을 하셨다. 할머니는 꼭 어린아이처럼 좋아하셨다. 지팡이에 몸을 의지한 채 두 분은 손을 꼭 잡고 여기저기 여행을 다니셨다. 저승꽃이 핀 노부부의 얼굴이 벚꽃보다 화사한 미소로 피어 있는 사진도 액자에 넣어졌다. 그러나 넘치는 행복은 할머니의 것이 아닌지, 가을부터 할아버지는 누워 지내셨다. 가끔 안부 전화를 드리면, 그래도 좋으신지, 할아버지 시중드는 일을 자랑스럽게 말씀하신다. "오늘은 목욕시켜 드리고 혼자 침상 위에 눕혀 드리느라 힘이 들더라. 그래도 이는 튼튼해서 음식을 잘 드시니 얼마나 다행이고."

겨울이 끝나기 전에 할아버지는 저승의 부름을 받으셨다. 무덤을 덮는 흙이 얼어 고생을 했다. 상여꾼들은 저승 가는 여비가 모자란다고 자꾸 느림보 걸음을 하고, 우리는 추위에 뺨마저 꽁꽁 얼어붙었다. 흰 무명치마 사이로 매섭게 마지막 겨울바람이 파고 들었다. 할아버지를 묻고 내려오는 산자락에 휘늘어진 노송 한 그루가 서글퍼 보였다. 혼자 남은 할머니에의 연민으로 잠시 걸음을 멈추고 나무를 어루만지는데, 나무를 감싸고 있던 바람에게서 잔잔히 시가 전해져 왔다.

> 新婦(신부)는 초록 저고리 다홍치마로 겨우 귀밑머리만 풀리운 채 新郞(신랑)하고 첫날밤을 아직 앉아 있었는데, 신랑이 그만 오줌이 급해져서 냉큼 일어나 달려가는 바람에 옷자락이 문 돌쩌귀에 걸렸습니다. 그것을 신랑은 생각이 또 급해서 제 신부가 음탕해서 그 새를 못 참아서 뒤에서 손으로 잡아당기는 거라고 그렇게만 알곤 뒤도 안 돌아보고 나가 버렸습니다. 문 돌쩌귀에 걸린 옷자락이 찢어진 채로 오줌 누곤 못 쓰겠다며 달아나 버렸습니다. 그러고 나서 사십 년인가 오십 년인가 지나간 뒤에 뜻밖에 딴 볼일이 생겨 이 신부네 집 옆을 지나가다가 그래도 잠시 궁금해서 신부 방문을 열고 들여다보니 신부는 귀밑머리만 풀린 첫날밤 모양 그대로 초록 저고리 다홍치마로 아직도 고스란히 앉아 있었습니다. 안쓰러운 생각이 들어 그 어깨를 가서 어루만지니 그때서야 매운 재가 되어 폭삭 내려앉아 버렸습니다. 초록 재와 다홍 재로 내려앉아 버렸습니다.

불현듯 미당 서정주 시인의 〈신부〉가 들려온 것은 무엇 때문일까. 열일곱 신부의 가슴에 불었던 미풍이 세월 속에서 상처 받으며 달려온 길에 지팡이 하나, 구두 한 켤레로 남은 인생이 어찌 할아버지 한 사람이겠는가. 오랜 기다림과 오랜 그리움이 부질없이 끝나더라도 할머니가 그랬듯 어머니도, 나도 그렇게 살아갈 것이다. 살아가면서 맞이하는 숱한 바람들—때로는 겨울의 삭풍이, 가끔은 미풍이나 훈풍이 불더라도—은 그것 자체만으로도 가치로운 것이다. 할머니에게 불었던 그 바람은 끝났지만 아직 내 인생에 불어 올 바람은 세기와 횟수를 알 수 없다. 가끔은 망각의 강을 건너면서 인생의 거대함 속에 숨어 있는 바람을 꼭 부둥켜안을 것이다. 그리하여 나를 에워싼 바람 속에 들어가 그 눈이 될 것이다. 새로운 바람아, 불어라! 불어.

길

길은 어디에서 시작하여 어디로 가는 것일까.

나는 자주 꿈속에서 길을 걷는다. 미루나무가 길가에 우뚝우뚝 솟아있고 맥고모자를 쓰고 하얀 두루마기를 입은 아버지의 뒷모습이 보이고, 까까중머리에 헐렁한 잠방이를 입은 어린 계집아이가 맨발로 걷는다. 황톳길을 걸으면서 자꾸만 보채며 칭얼거려도 앞서 걷는 아버지는 뒤돌아보지 않는다. 나는 심술이 나서 떰박질을 한다. 마구 달려서 아버지의 앞을 가로막았다고 여기는 순간, 어느 새 두루마기의 고름이 펄럭이며 아버지는 저 멀리 떠나고 있다.

안타까워 견딜 수 없었다. 잠에서 깨어나면 나는 언제나 울었던 기억이 있다. 협궤열차를 놓쳐 버린 것 같았다. 아니 한 번도 가본 적이 없는 돈황에의 그리움 같았다. 보이지 않는 것을 기다리고 그리워하는 것만큼 뼈 시린 고통은 없을 것이다. 끝도 없는 고통, 걷고 또 걸어도 목적지에 닿을 수 없다는 건 얼마나 큰 절망인가.

내게 최초로 그리움을 심어준 사람은 아버지였다. 아버지는 내가 네 살 때에 세상을 떠나셨다. 멸종해 버린 공룡처럼 추억이 많던 아버지를 땅에 묻고, 가을이 왔다. 상여가 나가던 날, 동네 사람들은 어린 나를 업고 집을 벗어나려 했지만 나는 막무가내였다. 네 살 눈으로-그때 세상은 왜 그리도 뿌옇게 흐리던지-나는 아버지가 지상을 마지막으로 떠나는 모습을 지켜보았다. 꽃상여가 동구 밖을 벗어날 때까지 돌부리에 넘어져 고무신이 벗겨진 줄도 모르고 무릎이 까져 피가 흐르는 줄도 모르고 걸어갔다. 벌써 이십칠 년이 흐른 오늘까지도 나는 아버지의 죽음을 믿지 않는가 보다. 어쩌면 어리석게도 아버지의 때늦은 부활, 귀가를 기다리는지도 모르겠다. 진시황이 진용을 만들어 영원히 자신을 지키도록 한 것처럼 아버지도 못다 이룬 꿈의 실현을 위해 무엇인가 이 땅에 남겨 놓지 않았을까.

길은 길로 이어지는가. 가을이 오면 나는 길을 떠나고 싶다. 여행이라도 표현하기에는 좀 더 자유롭고 구애 받지 않는 떠남,

시간의 제약도 공간의 제약도 없는 끝없는 길을 나그네가 되어 걷고 싶다. 봄의 연록색이 어느새 무르익은 바람이 되었다면 그것도 만나리. 끝이 없는 길. 길은 어디에도 있고 또한 아무 곳에도 없다. 나는 자꾸 길을 걷는다. 다 닳은 신발을 끌고….

나의 스무 살

이렇게 살 수도 없고 저렇게 죽을 수도 없을 때 서른 살은 온다고 했던가. 어느 날 갑자기 내 나이가 서른이 되었음을 깨달았다. 꽃을 보면 참지 못하고 덜컥 꺾어버리는 마음, 벚꽃 지는 소리에도 눈물 흘리는 마음은 여전한데…. 어느덧 두 아이의 엄마로, 한 남자의 아내로, 한 집안의 며느리로, 산골학교 아이들 스무 명의 담임선생이 되어 산청이라는 생면부지의 고장에서 교육학을 가르치고 있다. 아침이면 안개 자욱한 마을 풍경을 깨치고 닭이 운다. 개 짖는 소리도 들린다. 도회지의 아스팔트에서만 수십 년을 자란 나는 여행지에서나 느끼던 낭만과 감동을 생활 속에서 만끽할 수 있게 된 것이다. 여행, 들길을 걸으며 망초꽃을 따거나 냇물에 발을 담그고 친구와 웃어보는 것, 풀꽃으로 화환을 만드는 일들을 얼마나 많이 꿈꾸었던가. 내 스무 살 적에….

파란 하늘 아래 구슬땀을 흘리며 공차기에 열심인 우리 학생들을 본다. 그들은 높은 이상을 갖고 이 세계를 알고 싶다는 열망으로 다 태워버릴 것 같은 눈을 가지고 있다. 그들의 눈빛 속에서, 파도처럼 밀려오는 그리움을 지닌 내 스무 살을 만난다.

해운대의 달맞이고개, 여름밤이면 노란 달맞이꽃이 바람에 출렁이며 속살거렸고 밤바다는 은파로 아름다웠다. 해안을 돌아가는 초록빛의 완행열차는 미지로 떠날 여행을 얼마나 자극했던가. 그때 나는 가난해서, 너무 힘들고 막막해서 여행은 꿈도 꿀 수 없었다.

"전문대학을 가면 책값이라도 보태주지만, 4년제 대학은 어림없다. 생각을 바꿔라."

친척들의 냉대는 견디기 힘들었다. 이런저런 이유로 어려운 언니, 오빠들도 무심할 수밖에 없었다. 스무 살에 나는 혼자가 된 것이다. 비빌 언덕이 없는 상태였다. 무엇이든지 혼자 결정하고 실천해야 할 일들이 나를 기다렸다. 한없이 무기력해졌다. 길을 걸어도, 버스를 타도, 친구를 만나도, 암담한 처지에 있는 스스로를 향한 연민으로 눈물이 났다. 그러나 절망의 끝이라고만 여겨지던 생활에 활기를 얻는 일을 만나게 되었다. 야학이었다. 낮에는 공장에서, 밤에는 성당의 지하실에서 공부하는 사람들을 만나게 되었다. 여름에는 부채로, 찬물 세수로 잠을 쫓으면서, 겨울에는 난로도 없는 지하실에서 서로의 체온을 나누는 사람들. 막차를 타고 떠나면서 서로에게 손을 흔들어 주던 따뜻한 사람들 틈에서 나는 비로소 혼자가 아님을 체험하게 된 것이다. 끝이 보이지 않는 긴 터널 속을 지나고 있다는 생각에서 벗어나 희망을 갖기 시작했다. 나는 마음의 문을 열었다. 눈도 맑게 닦았다. 나무의 새순, 비에 젖는 꽃, 놀이터의 아이들, 사람들 발길질에도 새로이 돋아나는 풀…. 생명 있는 모든 것의 숨결을 느낄 수 있었다.

신기루였던가, 나의 스무 살은.

지난여름, 우리 가족은 여름휴가를 해운대에서 보냈다. 한사코 내가 살던 옛 언덕에 가고 싶다고 고집을 부려서다. 바닷바람을 타고, 젊은 연인들의 늘씬한 몸매도 감상하면서 우리 가족은 달맞이고개로 올라갔다. 그러나 가도 가도 끝없는 호화 빌라만 있을 뿐, 내가 살던 집도, 소나무 숲도, 달맞이꽃도 보이지 않았다.

"세상에 이럴 수가…."

터져 나오는 탄식을 감출 수가 없었다. 아이들에게 그렇게도 자랑했던 '언덕 위의 하얀 집'은 고사하고 나무 한 그루, 풀 한 포기 없는 삭막한 '한국의 베버리힐즈'만이 기다리는 이곳을 그토록 못

잊어했던가.

돌아보면 찾을 길이 없어 막막한 인생이여, 이제껏 나는 무슨 끈으로 해운대와 연결되어 있었던가? 여기저기 시간이 이루어 낸 파괴와 개발의 되풀이 속에 그려보는 지난날이 손에 잡힐 듯도 하다.

바다, 아침에 창을 열면 해처럼 뜨겁게 달려오던 그곳에 누워 밤하늘의 별을 보았다. 아련한 불빛을 달고 먼 항해를 하는 이름 모를 배에다 감정을 실어보기도 했다. 그 배에 돛을 달고 문학을 향한 고독한 순례를 꿈꾸었다. 선생님이 되어 학생들과 사랑과 존경을 주고받을 것을 소망했다. 사랑하는 사람과의 만남도 갈구했다.

나를 키워 준 바다, 나의 이십 대를 지켜 보아준 그리움의 파수꾼. 비록 겉모양은 변하였지만 바다의 냄새는 여전히 다감했다. 뇌리에 찍혀 있는 아름다운 해운대 바다와 달맞이고개를 아이들에게 보여 줄 수 없었던 여행이었지만 나는 앞으로 나아갈 마음의 힘을 얻었다. 이 세상은 언제나 살아서 움직이는데, 추억의 바다도 변했는데, 나의 삼십 대는 어떻게 될까? 나의 꿈은 언제쯤 완전히 닻을 내릴까?

사의 찬미

진달래가 앞산을 물들이고 있다. 봄 햇살을 받으며 피어있는 봄 진달래는 그 화려한 색깔과는 달리 어쩐지 처연한 아름다움을 느끼게 한다. 웅석산 능선을 바라보고 있으면 시시포스 신화가 떠오른다. 끊임없이 바윗돌을 굴려 올려야 하는 인간 운명의 고독함이 느껴지기도 한다.

올봄에는 유난히 사람들의 죽음이 많았다. 어제까지 함께 점심을 먹었던 농협 직원 K의 갑작스런 교통사고가 그렇고, 내 자취방 윗집에 사시던 초등학교의 S 선생이 죽음이 그렇다. K는 결혼한 지 두 달이 채 안 된 신혼이었기에 주위의 안타까움이 깊었다. S 선생은 오랜 투병 생활로 가족들이 지쳐 있었기에 안타까움이 덜했다. 꽃을 좋아하던 S 선생이 돌아가신 후, 물기 없이 시들어 가는 화초들만 그 아쉬움을 더해주곤 한다. "밤새 안녕하셨습니까?"라는 우리의 인사말이 새삼스럽게 실감이 난다.

내가 처음 죽음을 본 것은 네 살 때였다. 아버지의 별세, 상여가 마을을 다 돌아 나가도록 나는 죽음이 무엇인지를 몰랐다. 어머니의 구슬픈 울음도, 언니와 오빠들의 눈물도 내게는 생경한 일로 비추어졌다. 이웃 사람들이 어린 나를 가엾다고 안아주던 기억만 새롭다. 먼 산으로 떠난 상여 속에 아버지의 시신이 누워 있었고, 다시는 돌아오시지 못한다는 것을 안 것은 초등학교에 들어가고 난 후였다. 그러나 그때마저 죽음은 그저 사람들과 헤어져 있는 것이라고 생각할 뿐이었다.

재작년 가을, 나는 둘째 아이를 출산하면서 수술을 받았다. 허약해진 몸으로 하혈을 많이 해서 상당히 위험했다. 수술 받는 날은 마침 큰아이의 두 번째 생일이라 찰밥이며, 미역국에 떡까지 했지만, 물 한 모금도 마시지 못한 채 병원으로 가야 했다. 응급 수술이 결정되고, 나는 여기저기 검사를 받고 수술실에 들어갔다. 수술실로 들어가면서 나는 남편에게 마음속으로 이별을 말했다.

"여보, 그동안 당신께 잘못한 것 많지요? 용서해주세요…."

목구멍까지 차올라 오는 말들을 억지로 참으면서 남편의 따뜻한 손을 놓고 눈을 감았다. 그때 처음으로 죽음을 실감할 수 있었다. 사랑하는 남편과 이제 겨우 두 돌을 맞은 아들과 늙으신 어머니를 남겨두고 나 혼자만 차디찬 세계로 떠나면 어떻게 하나, 하는 안타까움이 나를 숨 막히게 했다. 수술실 문이 닫히자 남편의 눈물 젖은 모습도 사라졌다. 간호사들이 두려움에 떨고 있는 내 모습이 측은한지 위로의 말을 아끼지 않았다.

"걱정 마세요. 아주 잠깐입니다."

수술 준비를 끝내고 의사의 집도만 기다리고 있는데, 산소 호흡기를 매단 산모가 실려 왔다. 자연분만 도중에 위험에 처한 것이다. 그 절박한 순간에 수술 순서를 양보했다. 어쩌면 내 죽음의 시간을 미루고 싶었던 건지도 모른다. 나는 다른 산모의 수술 장면을 숨죽이며 보았다. 두 손을 불안에 떨고 있을 뱃속의 아이를 꼭꼭 감싼 채. 마른 침도 삼킬 수 없는 긴장의 순간이 지나자 우렁찬 아이의 울음소리를 들을 수 있었다. 나는 깊은 한숨을 내쉬었다. 내 차례다. 용기를 내야지. 잠시 후 나는 마취 마스크를 썼다. 하나, 둘, 셋….

의식이 돌아왔을 때에는 통증보다도 추위가 느껴졌다. 으, 추워. 그러나 나는 다시 살아나 10월의 온도를 느낄 수 있게 된 것이다. 회복실이라는 글씨가 보이고 남편은 뜻밖에도 왜소해보였다. 그의 근심걱정이 얼마나 컸는지 알 수 있었다.

"여보, 괜찮아?"

걱정스레 물으며 내 입술에 뜨겁고 순결한 입맞춤을 했다. 남편의 등 너머에는 힘겹게 세상의 빛을 보게 된 둘째 아이의 작지만 확고한 숨소리가 들렸다. 아이가 신생아실로 가자, 나도 병실로 옮겨졌다. 머리맡에는 가습기가 켜지고 병실 가득 물안개가 자욱해졌다. 젖혀진 커튼 뒤로 가을하늘이 파랗게 보였다. 비로소 죽음을 건너 삶으로 돌아왔다는 사실이, 누구든 살다가 죽게 된다는 진리가 내 의식 속에 자명하게 자리 잡았다.

살아 있다는 것은 얼마나 아름다운가. 봄 산을 가득 메운 진달래도, 개나리도, 목련도 그 자체로 아름다운 것이다. 그러나 아름다움과 떨어져 생각할 수 없는 시듦, 죽음이 있기에 삶은 소중한 것이리라. 죽음은 삶의 연장선이고. 그리하여 무명의 죽음도 슬픔을 넘어 아름다움으로 기억될 수 있으리. 풀꽃처럼 조그만 숨결로도, 보다 확고히 살면 탄생에서 죽음에 이르는 과정이 결코 억울하지 않으리라.

배드민턴 치는 여자

여름밤 꽃밭에 앉아 본 사람은 안다, 꽃들이 속삭이고 있다는 것을. 꽃잎이 무성할수록 바람에 부대끼며 많이 흔들린다는 것을.

아파트에서 나와 횡단보도를 건너면 울산과학대학이 있다. 재작년 봄 이사를 온 대학의 불빛이 이 여름밤에 주민들을 유혹한다. 사람들은 가벼운 산책을 하거나 운동을 한다. 아이들을 데리고 나온 사람도 더러 있다. 나는 배드민턴 라켓을 들고 큰아이의 손을 잡았지만 막상 많은 사람들 사이에서 움직일 공간을 갖지 못했다. 분수대 옆에 돌로 만들어진 의자에 앉아 두 마리 고래 등에서 나오는 물줄기를 본다. 한 마리가 뿜어낸 물길이 허공에서 불꽃처럼 흩어지면 다른 한 마리가 마주보며 물을 뿜는 동작이 반복된다. 사람들은 가로등 불빛 아래서 공을 향해 뛰어다닌다. 반바지에 소매 없는 셔츠차림 어른들과 아이들이 움직이는 모습들이 경쾌하다. 와와, 꽃잎들이 수군거리는 소리도 높아진다. 여름밤은 사람들에게 살고 싶은 욕구를 상승시키는가 보다. 작고 가벼운 공이 하늘을 날고 있다. 마치 거위들이 하늘을 날고 있는 것처럼 보인다. 깃털을 펄럭이며 하늘을 나는 공을 따라 나도 손목을 움직여 본다.

언제였던가. 내가 배드민턴을 열심히 쳤던 때가. 학교에 다녀온 오후에는 집 근처 교회 마당에서 동무와 배드민턴을 쳤다. 팔목에 살짝 힘이 들어가면 상대방의 라켓으로 날아가 탱탱하게 다시 날아오는 공의 감각이 좋아 배드민턴 치는 일을 행복해 했다. 내가 주는 만큼 되돌아오는 공, 깃털처럼 날아가 돌아오고 나의 라켓에 맞아서 상대에게 갔다가 돌아오고….

내가 살던 산동네에는 해가 빨리졌다. 뉘엿거릴 시간도 없이 땅거미가 마을을 덮치면 함께 놀던 동무들은 모두 집으로 돌아갔다. 혼자 남은 나는 학교에서 오지 않는 언니와 직장에서 돌아오지 않는 오빠와, 오빠 몰래 공장에 다니던 엄마를 기다렸다. 나는 청소를 하고 걸레질을 하고 쌀을 씻어 놓았다. 연탄불이 꺼지지 않도록 아궁이 구멍을 신문지로 꽁꽁 싸서 적당하게 조절해 놓기도 했다. 어둠이 짙어지면 나는 무섬증이 생겼다. 대문 앞에 서서, 오가는 사람들을 바라보았다. 골목 입구에 있던 우리 집의 대문 위에 올라가면 누가 오는지를 훤하게 볼 수 있었다. 엄마는 오래 기다려야 왔다. 하얀 옷을 입고 걸어올라 오셨다. 솜공장에 일을 나가셨던 엄마는 눈빛조차 하얗게 변해 돌아오셨다. 나는 엄마에게 선뜻 달려들지 못했다. 공장에서 돌아오는 엄마가 낯설게 여겨졌다. 우리 엄마가 아니면 어쩌지. 내가 읽었던 동화 〈해님과 달님〉에서처럼 호랑이가 변장하고 나타난 것은 아닐까. 불안해서 엄마에게 안기지 못했다. 겉고쟁이를 벗고 통치마로 갈아입은 엄마가 세수를 마친 후에야 조금 안심이 되었다. 엄마가 이름을 부르며 나를 품에 안았을 때에는 고소한 엄마의 냄새가 났다. 나는 비로소 친엄마를 찾은 듯 마음이 편안해진다.

"엄마, 떡 팔고 왔어? 왜 그렇게 하얗게 됐어?"

"오빠한테는 절대로 엄마가 일하러 다닌다고 말하지 마라."

"응, 말 안 할게."

오빠가 퇴근해서 집으로 오기 전에 다시 일상으로 돌아왔던 엄마, 엄마의 바람과는 달리, 오빠가 알게 되어 공장에 나가지 않기를 속마음으로 빌었다.

밤에는 엄마 곁을 떠나지 않았다. 종종걸음으로 쫓아다녔다. 부뚜막에 앉아 설거지하는 것도 지켜보았다. 밤이 깊어지고 엄마가 집안일을 끝냈을 때에야 엄마와 함께 방으로 들어왔다. 고단한 하루를 접고 내 옆에서 잠든 엄마를 확인하고서야 나도 잠 속으로 빠지곤 했다.

퍼뜩 잠에서 깨어나선 놀랐다. 누운 채로 큰아이와 눈이 마주쳤다. 이제 두 살 된 아이의 간절한 눈빛 속에 내가 담겨 있었다. 아이가 장난감을 가지고 놀고 있어서 그 옆을 지키다 잠이 들었다. 아이는 잠자는 나를 깨우지 않고 오히려 지키고 있었다. 나와 눈이 마주치고야 다시 놀이에 열중하는 아이, 내 아이는 우리의 이별을 알고 있었을까?

산청에서 교사로 지내온 날들. 토요일 오후에 상경, 일요일 오후에 내려가는 생활이었다. 가방을 들고 현관으로 가면 쪼르륵 달려가 외할머니의 등에 업힌 아이는 울지 않았다. 오히려 빠이빠이, 손을 흔들었다. 그런 명랑함에 나는 아이가 이별을 모를 것이라 생각했다. 그러나 아이가 이별을 모른 체할 뿐, 뼈저리게 느끼고 있음을 알게 되었다.

거북이 장난감이 있다. 엄마 거북이와 아기 거북이가 줄에 연결되어 있다. 건전지를 꽂으면 노랫소리와 함께 거북이가 앞으로 나아간다. 엄마 거북이가 먼저 나아가면 아기 거북이도 따라가는데, 큰아이가 울면서 아기 거북이를 자꾸 엄마 거북이의 등에 태운다. 볼록한 플라스틱 거북이 등에 아기 거북이를 태우려는 시도를 거듭

하면서 아이의 얼굴은 점점 눈물로 얼룩이 진다. 마침내 가지 못하도록 거북이를 붙잡고 있는 아이의 얼굴은 붉어진다. 아이의 얼굴은 저녁 놀 같다.

십여 년이 지난 일인데도 기억에 또렷하다. 내 아이의 눈물로 범벅된 붉은 얼굴에서 삼십 년 전 엄마가 떠올랐다. 대문 위에 잔망스레 앉아 엄마를 기다리던 그 길고 긴 시간이 배드민턴공과 함께 깃털보다 더 가볍게 다가왔다. 툭, 툭, 툭… 사람들이 모두 돌아가고 없는 공터에서 혼자 배드민턴을 치고 있는 엄마를 향해 아이가 소리를 지른다.

"엄마 공 쳐요."

'타앙' 나는 힘껏 공을 쳐 올렸다. 솟구쳐 오른 공이 불빛에 섞여 잠시 보이지 않았다. 건너편에 아이가 보였다. 비상하는 공의 눈부신 외로움이 돌아올 때를 기다리며 나는 라켓을 잡은 손에 힘을 준다.

봄날

어머니와 경주에 갔다. 따사로운 봄 햇살이 널려 있어 아무 곳에 앉아 있어도 마음이 포근했다. 오랜만에 외출을 나온 어머니는 마치 어린 시절로 되돌아간 듯 무척 좋아했다. 가지고 온 돗자리를 깔았다. 아침부터 부산을 떨며 만들어 온 김밥과 과일을 내놓고 그저 황홀한 듯 벚꽃을 올려다보았다. 후드득후드득 벚꽃 피는 소리가 경주에서 내가 사는 울산의 방어진까지 들려오자 어머니는 몸살을 앓았다. 나다니기를 별로 좋아하지 않는 어머니께서 몇 번인가 벚꽃이야기를 하면서 은근히 나들이를 채근하는 것이 아닌가.

"야야, 텔레비전에 나오는 벚꽃도 저리 고운데 실제로 보면 얼마나 좋을꼬?"

"예. 일요일에 시간을 내어 볼게요." 나는 마치 인심이나 쓰듯이 대답했다.

경주 벚꽃 좋더라는 이야기를 들으면서도 왜 어머니와 함께 가 볼 생각은 하지 않았을까. 가만히 생각해 보면 어머니를 위해 시간을 보낸 적은 거의 없었다는 생각이 든다. 늦게 출발하면 밀린다며 새벽부터 서둘러 울산을 빠져나왔다. 다행스럽게도 길이 막히지 않았다.

9시에 불국사에 닿았다. 불국사를 둘러싼 벚꽃이 무영탑의 전설을 전하기라도 하듯 꽃그늘을 만들어 길게 늘어서 있었다. 아이들과 함께 불국사를 돌아오니 어머니는 조용히 앉아 계셨다. 10시에 보문단지에 도착했다. 아이들은 공놀이에 열중하고 있어 나와 어머니는 자연스럽게 멀어졌다. 어머니는 돗자리에서 천천히 일어나 걷기 시작하셨다. 나도 어머니를 따라 걸었다. 무슨 생각을 하는지 어머니는 소녀처럼 미소를 짓고 있었다. 나는 어머니를 방해하지 않겠다는 마음으로 조심스럽게 뒤따라 걸었다. 보문호수에는 제법 물이 차 있었다. 봄기운이 무성한 보문호는 나무들이 연초록빛 손을 내밀고 있어 벚꽃의 아름다움과 어우러졌다. 어머니는 하염없이 길을 걸었다. 두 눈은 꿈꾸는 듯하고 가끔 누군가와 이야기라도 하는 듯이 멈추어 서곤 했다.

어머니가 걸음을 멈추고 나무의자에 앉았다. 거동이 불편한 할아버지 한 분이 어머니 옆으로 지나간다. 어머니는 한참 동안 노인의 뒷모습을 보고 있었다. 어머니의 표정이 잠시 슬퍼 보였던 것은 나만의 착각이었을까. 벚나무 가지를 잡고 꽃을 따던 어머니는 보문호를 내려다보면서 말하였다.

"갸도 살아 있으면 저 나이가 될 긴데…."

"누구 말예요?"

"죽은 너거 외삼촌 말이다."

"아, 막내 외삼촌?"

그렇다. 어머니가 그토록 경주에 오고 싶었던 것은 어머니의 유년과 소녀 시절을 회상하고 싶었기 때문이었다. 어머니는 이곳 보문에서 태어나서 열일곱 살에 아버지와 중매로 결혼을 했다. 3남 2녀 중 넷째였다는 어머니는 형제들이 환갑을 넘기지 못하고 단명하여 우리를 기르면서 은근히 걱정이 많았다. 특히 마흔이 넘어 나를 낳았기 때문에 더 그랬을 것이다. 외할머니와 외할아버지를 한 번도 본 적이 없는 나는 둘째 외삼촌과 막내 외삼촌만을 만날 수 있었다. 둘째 외삼촌은 약간 말을 더듬었는데 너무 착해서 동네에서도 소문난 분이었다. 내가 부산에서 초등학교를 다닐 때에 몇 번을 다녀갔다. 얼굴이 유난히 까만 분이 흰 두루마기를 입었는데, 오실 때마다 막걸리를 받으러 가야 했던 기억이 난다. 노란 양철 주전자를 들고 양조장에서 막걸리를 받아오다가 돌부리에 걸려 넘어졌다. 막걸리는 콸콸 쏟아져 땅바닥을 적시고 나는 울고, 축축해진 땅을 원망하면서 일어나니 종아리는 빨간 피로 얼룩져 있었다. 그러나 아픈 종아리보다 어머니에게 들을 꾸중을 걱정하며 집으로 향했던 그날…. 안주로 만든 밀가루에 소금만 넣은 별미 부침개 생각도 잊히지 않는다. 외삼촌과의 기억은 그게 전부였다는 생각이 든다. 중풍에 걸려 거동을 못 하게 된 둘째 외삼촌을 나는 그 후 한 번도 보지 못했다.

막내 외삼촌은 일찍이 서울로 가서 자수성가했다. 수출을 전문으로 하는 편물공장을 차린 외삼촌은 까만 승용차를 타고 고향 마을에 드나들었다. 새마을운동이 한창이던 시절, 고향집을 슬레이트 지붕으로 바꾸고 우물을 펌프로 개조하는 등 누구보다 앞장서 살아갔다. 딸이 없는 외삼촌은 나를 서울로 데려가 공부시켜 주겠다고 했지만 어머니의 반대로 무산되었다. 꿈속에서 나는 몇 번이고 외삼촌의 딸이 되어 승용차로 학교에 등교하곤 했다. 그러한 설렘과 희망도 오래가지 못했다. 아직 젊었던 외삼촌에게 중풍이라는 병마가 찾아온 것이다. 어린아이들과 연약한 외숙모는 가지고 있던 재산을 지킬 힘이 없었다. 외삼촌은 오랫동안 집안의 큰 걱정거리로만 지내다가 예순이 되던 해에 세상을 떠났다.

어머니는 무슨 생각을 하고 있는지, 그 마음속을 들여다보고 싶다. 나는 어머니를 사랑한다고만 했지 진심으로 어머니를 염려하고 어머니의 가슴속으로 들어가 본 적이 없다는 생각이 들었다. 어머니는 보문호를 내려다보면서 돌아가신 외삼촌과 어머니의 동생을 그리워했을 것이다. 작년에 고혈압 진단을 받고 대학병원에서 치료를 받으면서 더욱 건강에 자신을 잃게 되었는지 모를 일이다. 까닭 없이 벚꽃놀이를 보채는 일이나, 고향 마을에 와서 앉아 있고 싶어 하는 일들이 모두 이상하지 않는가.

집으로 돌아오는 길에 어머니는 분황사에 가보자고 했다. 작고 고즈넉한 느낌의 분황사에서 나는 옛 생각에 젖었다. 외가에 갈 때는 언제나 분황사까지 걸어오면 쉴 수 있었다. 주저앉아 있으면 어머니는 내 작은 발을 주물러 주었다. 그리고 우물물을 길어 나에게 먹여 주기도 했다. 언제나 보따리를 이고 다니던 어머니는 "조그만 더 걷자. 저 고개를 넘으면 외가다. 힘내." 하면서 한 손으로 내 손을 꼭 잡아 주었는데…. 나는 슬며시 어머니의 손을 잡았다. 그리고 내 아이들의 손도 잡았다. 봄날의 따사로운 햇살이 우리 모녀와 모자를 비추고 있었다. 봄볕을 받은 벚꽃도 한 잎 한 잎 벙싯거린다.

어머니

오늘은 학부형이 되는 날이다.

"어머니, 다녀올게요."

"외할머니, 다녀오겠습니다."

아이가 소프라노 음성으로 인사를 한다. 현관문을 열어 둔 채 어머니는 오랫동안 우리를 지켜보신다. 등 뒤에 머무르는 어머니의 눈길, 어쩌면 이미 젖었을지도 모르는 따듯함을 느끼며 천천히 아파트를 벗어났다. 햇살은 금가루, 은가루를 뿌리고 있다. 전깃줄에 앉은 참새들도 무지갯빛 소리로 지저귄다. 학교로 가는 골목길은 이미 사람들에 싸여 복잡하다. 온통 현란한 색들이 봄꽃처럼 피어 있다.

봄! 나는 어머니를 생각한다.

검정 통치마에 흰 무명 저고리 차림이다. 농사일이 많았던 시절이라 어머니는 흰 수건을 쓴 머리 위에 함지박을 이고 농장으로 가는 고갯길을 오르고 계셨다. 송골송골 구슬땀이 맺힌 얼굴에는 작은 미소를 담고 있었다.

어머니는 마흔다섯 살에 홀로 되어 일곱 자식을 돌보셨다. 늘 아버지의 그늘에서 이 씨 집안의 종며느리로 웃어른을 받들고 순종만 하시던 어머니. 스물세 살 난 큰아들의 간청에 따라 고향땅과 고향집을 모두 넘겨 빚을 갚고, 아들이 있는 낯선 동네 언양으로 이사를 하셨다. 아버지의 체취와 흔적이 담긴 것들과 결별하시는 어머니의 슬픈 모습이 어린 나에게도 전해졌다. 두 사람이 힘을 모아 방아를 찧고 살림을 불렸다고 자랑스러워하던 디딜방아도 이웃에게 주고, 동네 사람들의 크고 작은 병을 치료하던 아버지의 약재 상자도 버렸다. 살림을 과시하던 장독도 친척에게 주었고, 경주 장날이면 멀리서도 멋지게 돋보이던 아버지의 잿빛 두루마기도 태웠다. 언양으로 이사를 한 이후부터 어머니는 기운이 없으셨다. 봄이 와도 들판에 쑥을 캐러 나가시지 않았고, 진달래술도 더는 담그지 않으셨다. 앞마당의 대나무만 조용히 응시하시는 날이 많았다. 고향 하늘 아래 그 화려한 복사꽃이나 배꽃의 아름다움에 취해 아버지와 함께 일하시던 옛날 생각만 하시는지, 일상의 사물을 대하는 마음이 심드렁하게만 보였다.

초등학교 1학년, 나는 어머니가 쉰 살이 되던 해에 하얀 손수건을 가슴에 달고 5리 길을 타박타박 걸어 혼자 입학식에 다녀왔다. 그해 여름이었다. 무더위가 기승을 부리던 7월, 아버지의 제삿날이었다. 어머니는 조용히, 그리고 천천히 술을 마시기 시작했다. 나는 뜻밖의 일에 그저 황망히 바라보고만 있었고… 한밤중 대숲에는 바람 한 점 일지 않았다. 죽음처럼 고요한 시간 속에서 어머니의 울음소리만 은하수마냥 흐르고 있었다. 마루 밑에서 낑낑거리는 강아지를 달래면서 나는 어머니의 등을 두드렸다. 웩, 웩…. 결국 술을 다 토하고서야 잠이 드셨다. 그 후 20여 년 동안 어머니는 술을 금하셨다. 몇 년 전 어머니는 고희를 맞으셨다. 우리는 가까운 친척을 모시고 어머니의 칠순 생신상을 조촐하게 차렸다. 칠 남매가 순서대로 절을 하고, 덕담을 올리고, 술을 한 잔씩 따라 드렸다. 그동안 한 번도 술을 마시지 않던 어머니는 눈시울이 붉게 젖어서 자식들의 술을 거절하지 않으셨다. 그날도 돌아가신 아버지를 생각하셨을까. 저녁내, 밤이 깊도록 정원에서 가을 하늘을 올려다보셨다. 그 하늘 어디쯤 아버지는 어머니를 내려다보시고 계셨을까.

부부. 한 사람의 개체로 세상에 태어나 진홍빛 연분으로 맺어진다는 그 기막힌 인연이 아름답다.

아들은 내 손을 잡고 초등학교 운동장에서 입학식을 치렀다. 아무도 콧수건을 달고 오지 않았다. 여자 아이들은 공주처럼 차려입고 남자 아이들도 멋있게 갖춰 입었다. 학교도 멀지 않다. 집에서 걸어 10분 거리니 충분히 만족스럽다. 그런데, 나는 자꾸만 마음이 산란해지는 거였다. 김장 김치를 3월에 먹는 양 그토록 시고 입덧할 때처럼 거북했다. 아이는 전혀 내 존재를 의식하지 않는 듯했다. 한껏 성장을 하고, 젊은 학부형임을 뽐내고 싶은 내 설렘을 눈치채지 못하는 모양이었다. 스탠드에서 몇 번이고 손을 들어봤지만 내겐 시선조차 주지 않았다. '야속도 해라.'

나는 쉰에 학부형이 된 어머니를 떠올렸다. 내가 부끄러워 할 거라며, 6년 동안 한 번도 학교에 오시지 않았던 어머니. 어쩌다 비 오는 날 우산을 들고 오셨다가도 교문 앞에서 다른 사람을 통해 전해주고 되돌아가셨다. 6학년 졸업식 때 옥색 두루마기를 입고 오셨다가 친구들이 "할머니시니?" 묻는 순간 얼른 고개를 돌리시던 어머니. 그때 내가 어렸던가. 어머니의 소외감보다 내 자신의 감정에 치우쳤으니.

겨울에 어머니께서 갑자기 쓰러지셨다. 꿈이 사나워 벌떡 일어났는데 목욕탕에서 쿵, 하는 소리가 들렸다. 나는 혼자 힘으로 어머니를 안고 방으로 옮겼다. 찬물로 얼굴을 닦아드리자 정신이 드시는지 내 손을 잡으셨다. 그리고 힘들게 말씀하셨다.

"내일 학교 가야 하니 어서 자거라."

나는 처음으로 내 아이들의 손과 발이 아닌 어머니의 거친 손에 입맞추었다. 주검처럼 차가운 어머니의 몸에서 내게 전해져 오는 따뜻한 피 돌기, 돌이킬 수만 있다면 나는 다시 어머니의 어린 딸, 늙으신 어머니를 부끄러워하기보다 자랑스럽게 여길 수 있는 딸이 되고 싶었다. 참으로 오랜만에 나는 다시 순수해지는 것 같았다.

입학식이 끝나자 아이는 급하게 달려와 내 품에 안긴다. 짧은 순간이나마 서운함을 느꼈던 내 자신이 부끄러웠다. 나는 아이의 맑은 얼굴을 쓰다듬으며 오랫동안 가슴의 고동 소리를 들었다. 어머니의 가슴에서 내게 전해지던 희생과 사랑의 마음이 내 아이의 작은 가슴에도 닿기를 바라면서. 봄 햇살이 아이들의 머리에 닻을 내리기에는 시새움이 많을 것이다. 아이는 오늘 못 온 아버지라는 존재를 극복하기 위해 일부러 냉랭하게 굴었나 보다. 그래, 혼자 걷고, 혼자 넘어지고, 스스로 일어서 또 하나의 진정한 개체가 될 수 있기를 소망하면서 나는 아들의 남다른 독립정신을 이해하기로 한다. '아들아, 봄바람이 열기를 동반하더라도 두려워하지 마라. 네겐 어머니라는 거룩한 해열제가 있단다.'

억새꽃 인연

묘제를 지내고 집으로 돌아오는 길. 가을걷이가 끝난 들판은 노곤한 듯 누워있다. 왼쪽으로 멀리 푸른 바다가 보이고 오른쪽 곁으로는 억새가 하얗게 피어있다. 지난 여름날의 영화는 어디에서도 찾을 수 없고 억새만 나부낀다. 야생 고양이털처럼 반짝이며 바람에 흔들린다. 바람에 흔들리는 억새를 보면서 나는 새삼 인연을 떠올린다. 미세한 바람결에 흔들리면서도 해마다 되살아나는 억새. 세상의 무게를 모두 버리고 상념의 무게까지 놓아버린 억새의 가벼움이 가슴을 서늘하게 한다. 억새가 꽃으로 피었다 지고 바람과 만난다. 바람을 안은 억새의 흔들림은 아름다운 떨림으로 내 가슴에 박혀온다. 가을이면 하얀 이삭으로 피어서 들판을 수놓는 억새에게서 인연의 소중함과 존재의 가벼움을 배운다. 작년에도 재작년에도 이곳을 지나면서 억새를 보았고, 다시 그걸 보면서 억새와 닮아있는 그녀의 운명을 떠올린다. 가을이면 억새밭을 향해 하염없이 시선을 던지고 있던 그녀를.

한때 그녀는 길을 잃었다. 안개가 자욱한 새벽도 아니고 어둠이 짙은 것도 아니었는데, 그녀는 길을 잃었다. 그녀는 사막을 걸어가고 있는 것처럼 힘들어 보였다. 사막, 바랠 대로 바랜, 누런 백골이 여기저기 굴러다닐 것만 같은, 발이 푹푹 빠지는 모래 위로, 기어이 까맣게 말려 죽이고야 말겠다고 기세등등하게 퍼붓는 폭염 아래를 혼자 걸어가는 그녀. 그녀는 말이 없었다. 그녀는 자신이 길을 잃은 것을 알고 있었다. 뒤에는 눈부시게 환한 억새가 있었고 꽃처럼 아름다운 억새 덤불 속에서 길을 잃은 그녀. 길 잃은 그곳에서 그녀는 처연하게 아름다웠다.

그녀, 억새 속에서만 잃은 것이 아니라 현실에서도 오랫동안 길을 잃고 헤매었다. 그녀는 스물다섯 살에 결혼을 했다, 그녀를 죽도록 사랑하던 한 남자와. 가난하지만 남자의 사랑을 믿기로 하였다. 그러나 6년 후, 세 명의 딸을 낳고 바람을 피운 남자와 그녀는 이혼을 했다. 그녀가 억새밭에 앉아 정신을 놓게 된 것은 그때부터다. 남자가 아이 셋을 고아원에 버렸다는 사실을 알고 그녀는 억새처럼 머리칼이 하얗게 변했다. 김천에 있는 고아원에 가서 아이들을 찾아와 사과를 팔고 앉아있던 그녀, 또 다시 정신을 잃은 듯했다. 삶의 목적을 상실한 그녀에게 25년의 세월은 억새처럼 피고 졌다.

작년 겨울, 그녀는 딸들을 찾았다. 오랫동안 찾아 헤매었던 딸들을 만났지만 그녀는 말을 할 수 없었다. 너무 오랜 세월 동안 떨어져 있었기 때문일까. 그들은 서로에게 낯선 느낌을 받는 것 같았다. 말이 없는 그녀, 어눌한 그녀가 안간힘을 다해 딸의 이름을 불렀다.

"은실아."

"…."

대답 없이 그녀의 가슴에 얼굴을 묻고 있는 딸. 딸의 등에는 고물거리는 아기가 있다. 낡은 잠바 속에서 숨을 고르던 아기가 답답한지 끙끙거린다. 늦게나마 아기를 발견한 그녀의 눈빛이 다정하다. 25년 전의 자신의 막내아기를 떠올린다. 딸의 등에서 아기를 받아 안은 그녀는 오랫동안 내려놓지 못한다. 가슴에 안긴 아기를 보면서 그녀는 세월의 무상함을, 삶의 허망감을 견디려 한다. 그간 견뎌온 세월의 아픔을 그녀의 딸은 알기나 할까.

밤이 깊어가고 있다. 그녀와 그녀의 딸은 서로의 이야기를 하지 못한다. 서로의 상처를 잘 알고 있지만 열어 보기가 두렵다. 모녀

사이에는 긴 세월의 강이 흐르고 있다. 그녀는 어미로 나서지 못했던 시간의 안타까움을 풀어내기 힘들고, 딸의 가슴속에는 기다림과 원망의 마음이 얽혀 있다. 엄마 없이 보낸 25년의 아픔을 어떻게 풀어놓을 수 있으리. 자식을 빼앗기고 살아온 25년의 세월을 어떻게 잊을 수 있으랴. 한 번도 잊어본 적 없는 핏줄이건만 여섯 살이던 큰딸은 벌써 두 아이의 엄마가 되어 있다. 아이가 울자 딸은 수줍게 가슴을 열어 젖을 먹인다. 젖무덤에 묻혀있는 아기를 보면서 그녀는 제대로 젖을 물려 보지 못했던 막내를 떠올린다. 가엾은 것, 제대로 먹지 못해서 키가 작구나. 차마 말로 하지 못하고 잠을 뒤척인다. 몸부림을 치는 그녀의 막내딸에게 손을 뻗어 잡아보는 것으로 상처받은 시간들을 베갯머리에다 묻을 수 있을까.

인연의 아픔에 관한 글이 생각난다. 어느 날 원효가 머물고 있는 곳으로 설총이 찾아왔다. 자기를 버리고 간 아버지를 찾아간 설총의 응시에 원효는 말없이 빗자루를 던지며 마당을 쓸라고 했다. 바람 많은 가을날, 설총은 마당을 쓸고 또 쓸었지만 낙엽은 겹겹이 내려 설총의 비질이 지나간 자리를 덮고 또 덮었다. 설총은 아버지인 원효를 바라보았다. 그 눈빛에는 한없는 원망과 쓴 자리가 없는 자리에 남겨지는 비질에 대한 의문이었다. 설총의 긴 응시에 답하듯 원효는 마침내 입을 열었다. 그것이 인연이라고, 인연은 지우려 해도 결코 지워지지 않는 것이라고.

밤이 지나고 딸은 떠났다. 겨울비가 내렸다. 그간에 쌓인 미움과 원망의 마음을 다 씻어내라는 듯, 비는 오랫동안 내렸다. 겨울비는 얼어붙은 딸의 마음을 더욱 얼어붙게 하지는 않았을까. 몇 달이 지났건만 딸은 다시 오지 않는다. 살기가 힘든 것일까. 생활에 찌들어 찾아올 시간이 없는 걸까. 전화기를 들지만 그녀의 딸은 그녀의 그리움을 읽어내지 못한다.

"은실아, 잘 지내나?"

"예… 우리 이사 갑니다."

"어디로?"

"서울로 갑니다."

"그래…."

전화를 끊고 그녀는 끝내 울음을 터뜨린다. 오랫동안 참았던 울음이기에 쉽게 잦아들지 않는다. 닻을 내리지 못하는 마음. 그녀의 딸은 그녀에게 온전히 닿을 수 없는 존재인가. 쉽게 그녀와 화해하지 못하는 딸의 마음을 짐작하면서도 안타까움을 떨쳐 버릴 수 없다. 그녀의 딸이 서울로 이사를 가던 날, 그녀는 외손자의 장난감을 사들고 갔다. 반가움보다 놀라움으로 눈이 커지던 딸, 아직 그녀를 오해하고 원망하고 있음을 느낄 수 있었다. "아이들 잘 키워라." "예. 건강하세요." 그리곤 돌아설 때 갖고 간 선물을 딸의 손에 쥐여주었다. 그렇게 헤어져 돌아와서 그녀는 딸의 안부를 알지 못한다. 일생 동안 그리워하면서 한 번도 만나지 못하는 인연도 있는데, 그녀는 딸을 두 번이나 만나지 않았는가. 살아있기만 한다면 억새처럼 꽃을 피우기도 하고 하얀 이삭으로 패어 가을을 밝힐 수 있으리라. 굵은 뿌리줄기에서 모여 나선 헤어지지 않는 본성을 지닌 억새. 그녀는 억새이고 싶다. 바람에 눕고 바람에 일어나고 바람에 우는 억새꽃. 그녀가 바라는 다음 생의 인연일지라.

고향집

경주 사람들에게서는 향기가 난다. 나는 문화유적이 지닌 아름다움보다 그 사람들에게서 은은하게 느껴지는 향기 때문에 더욱 경주를 사랑한다. 수년 전 결혼을 결심하고 고향 경주에 간 적이 있다. 재동을 찾아가는 동안 마음속으로는 수십 년 세월이 흘러갔다. 세월을 돌이킬 수는 없을까. 무엇인가 중대한 결정을 해야 할 때 나는 어릴 적 경주 집을 찾아가고 싶었다. 그곳에는 나를 기억하고 있는 사람이 한 사람도 없을지도 모르는데, 나 혼자서 늘 그 집을 그리워하고 있었다. 태어나서 5년 동안 살았던 경주 집을 기억만으로 더듬어 찾아가기란 그리 쉬운 일이 아니었다. 시내는 복잡해졌고, 마을로 접어드는 길도 내가 어렸을 때와는 많이 달라져 있기 때문이다.

마을 입구에 있던 제방이 없어져 잠시 망연해졌다. 우물을 기억하지 못했다면 나는 오랜만의 귀향을 포기할 뻔했다. 우물이 깊은 집. 마을에 물이 말라도 우리 집 우물에는 늘 물이 찰랑거렸다. 아낙들이 물동이 소리가 살포시 새벽을 열고 어린아이들은 늦잠을 잤다. 디딜방아도 있었다. 우리 집은 많은 사람들로 북적댔다. 동네 행사는 대부분 우리 집에서 했던 것으로 기억한다. 가을이 되면 사람들은 곡식을 마당 한쪽에 부려놓고 밤늦도록 방아를 찧곤 하였다. 나는 방아 찧는 일을 거들다가 넘어져 이마를 깬 적이 있다. 여자아이라고 된장을 바르지 않고 보건소에 데리고 가서 꿰매는 성의를 보였다지만 내 이마는 아직 고르지 않다. 동네 아주머니들은 부엌 아궁이에서 불을 때거나 부뚜막에 앉아 숭늉을 나눠 마시곤 했다. 우리 집은 그 작은 동네에서 유일하게 머슴을 두고 살았다. 몇 년씩 사랑채에서 살다가 떠나곤 하던 아저씨들. 그중에는 아버지가 돌아가실 때까지 함께하신 분도 있었다. 언양으로 이사를 할 때 넋을 놓고 있던 어머니와 어린 우리 대신 짐을 실어 주던 고마운 분도 있었다. 우리 집에는 감나무가 있었다. 뒷간 가는 길목에 있었는데, 도오감(동이감)이라고 불렀다. 감잎이 커서 어린 나의 우산이 되어 주기도 했다. 먼저 뒷간에 간 사람을 기다리면서 감을 헤아리면 지루하지 않았다. 햇빛 맑은 날, 이불 홑청을 깨끗이 씻어 마당에 널어둔 날은 내가 이웃집 개구쟁이들을 불러 장난하는 날이다. 마당 한가운데에 큰 대나무를 세워 놓았지만 우리들의 술래잡기 때문에 이불은 수난을 당해야 했다. 가끔 땅바닥에 내동댕이쳐져 야단을 맞기도 했다.

이십여 년 만에 옛집의 대문을 열고 들어서니 가슴이 두근거렸다.

"누구십니까?"

너무도 스스럼없이 발걸음을 내디뎠기 때문일까, 주인의 목소리가 되레 낯설게 들렸다. 주인이 방문을 열고 한참동안 바라보는 동안 나도 말없이 그 사람을 바라다보았다. 내가 떠난 후 우리 집에서 살고 있었던 사람이어서일까, 그의 얼굴은 낯이 익었다. 내가 툇마루에 다가가자 주인이 먼저 말을 했다.

"나는 앞을 보지 못한다오."

그 말을 듣는 순간 나는 그의 이름이 떠올랐다. 바우 아저씨다. 그는 어느 날 우리 집에 머슴으로 와 있었다. 가족도 없이 혼자 우리 집에 머무르게 된 아저씨는 무척 힘이 세었다. 그래서 어른들이 바우라고 불렀다. 아저씨는 어린 나를 끔찍하게 예뻐했다. 산에 풀어놓은 염소를 찾으러 갈 때에나 소몰이를 할 때에도 나를 데리고 갔다. 소꼴을 베어 지게에 얹으면 방석을 깔고 앉은 듯 편안했는데, 그 위에다 나를 앉혀 주었다. 나는 아저씨의 지게에 앉아 세상을 모두 가진 것처럼 행복해 했다. 그때 코끝에 느껴지는 알싸한 풀 냄새는 얼마나 향기로웠던가.

어느 날인지 선명하게 기억나지 않는다. 저녁밥 짓는 연기가 동네를 감싸고 흐를 때 마을 사람들이 어디론가 달려가고 있었다. 나도 영문을 모른 채 같이 뛰었다. 동구 앞 정자나무에 사람이 걸려 있었다. 벌거숭이로 축 늘어져 있는 사람을 마을 사람들이 죽어라 소리 지르며 사람을 때리고 있었다. 도축장의 고기처럼 늘어져 있던 그 사람이 바로 바우 아저씨였다. 어린 나는 두려움에 떨며 집으로 돌아왔다. 밤마다 악몽에 시달리면서도 나는 어른들에게 물어보지 못했다. 아저씨가 무슨 나쁜 짓을 했을까. 늘 궁금하면서도 나는 왜 묻지 않았을까. 영악하게도 나는 아저씨와 친밀하게 지냈다는 사실을 아무도 몰랐으면 좋겠다고 기도까지 했다.

그때 마을에는 비밀스럽게 '빨갱이' 라는 말이 돌아다녔고 아저씨가 지리산 어디에선가 살다가 왔다는 소문이 굴뚝마다 오르내리고 있었다. 마을 사람들의 모진 고문을 받은 아저씨는 그 충격으로 앞을 보지 못하게 되었다. 사람들은 눈을 뜬 채 앞을 보지 못하는 아저씨를 피하고 있었다. 흥분에 휩싸여 아저씨를 때린 사실을 기억하고 싶지 않은 모양이었다. 불쌍한 아저씨는 나에게도 버림받았다. 나는 맹인이 된 아저씨를 이해하기에는 너무 어렸다. 아저씨를 예전처럼 대하는 사람은 아버지밖에 없었다. 그러나 아저씨는 어느 날 조용히 우리 집을 떠났다.

“바우 아저씨, 어떻게 아저씨가 우리 집에 사시게 되었지요?”

타향을 떠돌며 고생을 하시던 아저씨는 우리가 경주를 떠난 줄 모른 채 다시 돌아오셨다고 하셨다. 다행스럽게도 아저씨를 보살펴 주는 고운 마음씨의 아주머니를 만나서 말이다. 아주머니의 노력으로 집을 살 수 있었을 때 아저씨는 굳이 이 집을 사겠다고 했단다. 모두들 떠나고 없는 우리 집을….

아저씨와 이야기를 나누는 동안 아주머니께서 저녁을 내놓았다. 작은 둘레상에 앉아 나는 아저씨의 숟가락에 반찬을 얹어 주었다. 마치 아저씨의 지게가 내 세계인 양 의기양양하던 어린 시절로 돌아가는 것처럼 그렇게 마음이 유순해진 것은 참으로 오랜만에 느끼는 감정이다. 어두운데 자고 가라는 아저씨의 간절한 마음을 뒤로하고 나는 내가 살아야만 하는 또 다른 세계로 돌아오는 버스에 몸을 싣기 위해 고향집을 나왔다. 한때 내가 살던 집이었으나 지금은 아저씨가 지키고 있는 고향집. 내가 고향집에 다니러 온 것은 오랫동안 내 마음속의 바우 아저씨가 그리워서였을까.

누군들 벚꽃처럼 지고 싶지 않으랴

봄밤, 사촌 언니가 죽었다는 소식이 왔다. 설거지를 하고 있는데, 일순 전율이 등을 스치며 지나갔다. 서른다섯 해를 살아온 나, 내게 삶은 무엇인가. 현관문을 소리 없이 닫고, 조용히 엘리베이터를 타고 내려왔다.

아파트 화단에는 몇 그루의 벚나무가 있다. 가로등 불빛을 받아 반짝이며 서 있는 벚꽃의 아름다움은 속절없이 사람을 끌어들인다.

한기가 느껴졌다. 바람이 불고 꽃잎이 떨어져 내 콧등에 떨어졌다. 조물주는 왜 이토록 아름다운 것을 만들었을까. 그리고 왜 시들게 하는 것일까. 나는 꽃잎을 조용히 손바닥에 얹고 가만히 비벼 보았다. 아름다움은 금세 쭈글쭈글해졌다.

한 사람이 꽃잎처럼 시들고 죽어 갔다. 경애라는 이름을 가진 사촌 언니. 언니는 나보다 다섯 살이 많지만 시골에서 같이 자랐다. 작은아버지께서 일찍 돌아가셔서 언니는 시골에서 중학교를 어렵게 졸업했다. 그리고는 청바지를 만드는 공장에 들어갔다. '미싱 시다'가 된 것이다. 추석이나 설에 어쩌다 얼굴을 볼 수 있었는데, 그때마다 낯빛이 창백해지고 있었다. 말수도 줄어들어 억지로 대답을 할 뿐 스스로 신명이 나서 이야기를 하는 일이 없었다. 언니가 만든 써지오바렌테라는 청바지가 대학생들의 엉덩이를 감싸는 동안, 미싱사로 승진한 언니는 검정고시 공부를 했다. 그리고 근무 조건이 조금 나아진 공장으로 옮기면서 월급도 올라갔다. 어쩌면 그때가, 고단하지만 언니에게는 행복한 시간이 아니었을까. 스물다섯 살이었던가. 언니는 결혼을 했다. 인물이 훤하고 서글서글해 보이던 사촌 형부는 직업 군인이었다. 그러나 첫아이를 낳고 언니는 결핵 3기임이 밝혀졌다. 아이에 전염될 가능성 때문에 요양원에서 지내야 했다. 치료 기간이 길었던 때문일까. 사촌 형부는 언니와의 언약을 어겼고, 두 사람은 이혼을 했다. 언니는 혼자 남게 되었다. 엄마의 얼굴도 알아보지 못하는 아이를 만나러 갔다가 되돌아왔다. 아이는 다른 여자를 엄마로 부르며 자라고 있었기 때문이다. 언니는 미친 듯이 미싱을 밟았다. 성남의 지하 셋방에서 햇빛을 받지 못하는 언니는 음지식물 같았다. 뿌옇게 흐린 불빛 아래 미싱 돌아가는 소리만 요란했다. '위이잉, 위이잉.' 언니가 미싱에게 말을 건넨다. "그래, 너와 함께라면 잊을 수 있을 거야." 환기창도 없는 다락방에 앉아 콜록콜록 기침을 하는 어린 미싱공들도 미싱에게 말을 건넨다. "나는 너무 피곤해. 사흘 동안 한숨도 자지 못했어." '나도 그래. 아무리 기계지만 나도 쉬고 싶어.' 미싱이 대답을 한다. "야, 작업량 완성하려면 까마득해. 잠 오는 아이들 이리 와서 주사 맞아." 작업반장의 메마른 목소리를 들으면서 까무룩 잠이 드는 어린 동심. 머리카락에 붙은 형형색색의 실밥을 보면서 어린 여공들은 마주보며 웃는다. 하얗게 머리에 핀 눈꽃 같은 실을 보며 창백하게 운다. 어린 시절, 어머니의 반짇고리에서 탐내던 그 곱던 색실 때문에 웃고 울게 될 줄 예전에 몰랐었지.

작년 봄, 경애 언니는 재혼을 했다. 고운 빛깔의 한복을 입은 남자와 조촐하게 혼례식을 올렸다. 방이 하나밖에 없다는 남자의 집으로 가면서 언니는 미싱을 두고 갔다. 올해 정월에 아이를 낳았다. 언니가 행복해지고 있는 거라고 생각했다. 그런데 4월, 언니가 목을 매었다는 것이다. 강보에 싸인 아기를 남겨두고서. 병원 영안실에 있다는 이야기를 들으면서도 믿어지지 않아 친척들끼리 전화기만 붙잡고 있었다. 장례식을 치르는 날, 비가 내렸다. 유서대로 화장하여 언양 집 뒷산에 뿌렸다. 언니가 떠난 4월에 비가 자주 내린다. 경애 언니가 들려주는 이야기 같다. 살아생전 못다 한 이야기를 죽어서라도 하고 싶은 것일까. 나는 비가 들려주는 이야기를 듣는다.

평화시장에서 비닐우산을 팔러 다니며 소리치는 한 소년이 있었다. 빗속을 뚫고 오랫동안 다녔지만 우산을 팔지 못하고 비에 흠뻑 젖은 구인 광고를 본다. '미싱 시다 모집.' 전태일의 운명은 그렇게 시작되었다. 재단사가 만든 옷의 보푸라기를 떼어내고 정리하던 그가 노동의 현실을 알게 되는 과정은 마치 봄비에 젖는 것처럼 자연스러운 일이었다. 하루 18시간 노동, 눈을 뜨고도 자신의 손가락을 박아버리는 아이들에게 돌아오는 것은 참으로 보잘것없다는 뼈아픈 깨달음이 그를 투사로 변화시켰다. 그는 스스로를 불태워 숯덩이로 화했다. 몸에 석유를 뿌리고 라이터의 뚜껑을 열었다. '칙!' 불길이 몸을 감싸고 그 고통으로 얼굴은 찌그러졌지만 그의 목소리는 평화시장의 하늘을 울렸다. 거대한 불덩이가 올림픽의 굴렁쇠처럼 거리를 휘돌아 사라진 것이다.

언니가 죽어서 가는 길에 벚꽃이 떨어지고 있었다. 이 땅에 살기 위하여 처절하게 노력하던 언니의 절망은 무엇이었을까. 존재를 침몰시키는 외로움, 아무에게도 자신을 제대로 알릴 수 없는 그 고통을 피해 떠나는, 그들의 외로운 행진이 보이는 듯하다. 생을 사랑하지만 그 속에서 풍요로움을 찾지 못하는 사람들과, 죽음의 세계에 자신을 투영하는 사람들의 갈증도 느낄 수 있을 것 같다. 죽음으로 자기 이야기를 하고 싶었던 언니의 몸짓이 가슴을 친다. 누군가 관심 있게 언니의 마음을 읽었더라면…. 무관심이 언니를 떠나게 했다는 생각이 든다.

불속에 자신을 던져 노동자들의 관심을 이끌어낸 전태일의 죽음처럼, 언니의 선택도 남아 있는 우리의 삶을 환기시킨다. 어떤 죽음도 무의미하지 않으며, 그것은 삶을 끌어안으려 몸부림치는 다른 모습이라는 것을. 어둠 너머 있는 새로운 세계를 향한 언니만의 몸짓을 알 리 없는, 백일이 다 된 아기가 벚나무 그늘에서 잠을 자고 있다.

달맞이꽃 울 엄마

밤이면 달맞이고개에 서서 나를 기다리시던 울 엄마. 달빛을 받으며 달맞이꽃처럼 환하게 웃으셨지. 버스에서 내려 모퉁이를 돌아 집으로 오는 길목에는 달맞이꽃이 환하게 피어 있지. 밤길에 무섬증을 잊으려 큰 소리로 노래 부르며 내달리다, 고개에 선 엄마를 보며 반가움 대신 짜증을 냈지. 막내딸이 걱정되어 마중 나와 주는데, 못된 계집이라니. 뭐라 했던가. 초등학교 때도 비 오는 날 혼자 왔는데, 다 자란 딸 웬 걱정이냐며 투덜댔지. 톡 톡 톡 톡, 내 구두 소리에 묻힌 엄마의 고무신 소리. 그런데 엄마, 이제 내가 엄마를 기다려. 눈떠, 제발…. 산소 호흡기를 꽂고 있는 엄마. 이제 내가 아는 엄마가 아니다. 엄마는 말없이 일만 하시고 자식들 걱정하느라 숨 한번 크게 쉬어 본 적 없었기 때문일까.

5월 3일 아침이었다. 어머니가 자리에서 일어나지 못하셨다. 체한 것 같아 등을 두드리고 바늘로 손가락을 찔러 피를 냈지만 시원해 하지 않으셨다. 체증이 내려가지 않는다고 가까운 병원에 가서 진료를 했는데, 심근경색이란다. 큰 병원에 입원하라는 의사 선생의 소견이었다. 집으로 돌아와 입원할 준비를 하는데, 어머니께서 입원하지 않겠다고 하신다. 어머니와 내 대화를 듣고 있던 큰아이가 운다.

"어머니, 외할머니 돌아가시는 것 아니죠?"

"그럼. 괜찮을 거야. 걱정하지 마."

대답은 하면서도 정신이 아득해진다.

"야야, 내 말 좀 들어라. 내가 지금 입원해서 뭐 할라꼬. 그냥 이대로 갈란다."

"엄마, 무슨 말씀이세요? 이대로 돌아가시면 안 돼요. 제가 한 게 하나도 없는 걸요."

"그런 소리 마라. 네가 내한테 얼마나 힘이 됐는데. 나는 니하고 살면서 행복했데이."

"엄마, 그런 말씀하지 마세요."

간신히 설득하여 병원엘 갔다. 혈압이 너무 낮고 심장 기능이 미약하다며 중환자실로 옮겼다. 의식을 놓지 않으려 애쓰시던 엄마가 겨우 잠드셨다. 간밤에 심장이 아파 제대로 잠을 이루지 못한 탓이었나 보다. 잠든 엄마의 손을 잡고 얼굴을 들여다보았다. 엄마의 얼굴을 이토록 자세히 들여다본 적이 있었던가. 내 아이 얼굴은 닳을 정도로 보고 만졌음이 가슴 아프다. 밤새 달맞이고개를 지키던 달맞이꽃의 시든 모습이 이럴까. 새벽에 달맞이 꽃잎은 살포시 자신을 닫고 저녁에는 조용히 되살아난다. 엄마도 지금은 잠을 자고 있지. 곧 달맞이꽃처럼 피어나겠지. '엄마, 나는 엄마가 달맞이꽃으로 다시 태어날 것 같아. 달맞이꽃은 해마다 그 자리에 다시 피어나잖아. 자신의 운명을 사랑하는 꽃, 꼭 엄마 같아. 엄마 한번 웃어 봐. 달맞이꽃처럼.'

엄마의 손을 쥐고 있으면서 가슴을 자꾸 만져 주었다. 엄마의 가슴을 누르고 있는 돌덩이가 잘게 부서져 없어지기를 바라면서. 엄마의 가슴을 누르고 있는 무수히 많은 돌덩이 중에 내가 얹어 놓은 것은 없을까. 며칠 전만 해도 아이들을 야단치는 엄마에게 '잔소리가 많아졌다'고 했다. 4년째 복용하시는 고혈압 약을 타러 가기 싫어 핑계를 만들었다. 무엇보다 큰 죄는 엄마와 사는 10년 동안 아침밥을 내가 하지 못했다. 무엇으로 이 불효를 씻을 수 있을까.

하나, 둘, 셋… 일곱. 엄마가 낳은 일곱 자식이 모처럼 엄마의 머리맡에 옹기종기 모였다. 왕달맞이꽃 곁에서 숨결을 나누는 어린 꽃처럼! 중환자실에는 면회 시간이 제한되어 대기실에 앉아 기다려야 했다. 서울에서 온 큰오빠는 손수건으로 눈시울을 닦는다. 엄마를 모시지 못한 가슴 아픔이 오죽하랴. 말로 하지 않아도 오빠의 마음이 짐작된다. 엄마의 피와 살을 나누어 받은 형제라는 점, 우린 모두 뿌리로 연결되어 있음을 느낄 수 있다.

9시가 훨씬 지나서야 허기를 느낄 수 있었다. 멀리에서 온 형제들과 함께 식당을 찾아 나섰다. 가까운 백화점이 문을 닫아 낯선 골목길을 돌다가 된장국집으로 들어갔다. 밥을 시켜놓고 기다리는데, 기어이 큰오빠가 운다. 모두 참았던 울음이 터진다. 울다가 고개를 드니 어느새 하얗게 센 큰오빠의 머리칼이 보인다. 참 많이 늙으셨구나.

자동문 하나를 사이에 두고 대기실에 앉아 있는 우리는 너무 무기력하다. 간호사의 눈을 피해 조심스레 엄마 옆에 가보지만 맥박도 호흡도 좋아지지 않았다. 간헐적으로 들리는 엄마의 숨소리. 이대로 엄마가 이승을 떠나는 것은 아닐까 두려워진다. '엄마, 무섭지 않아?' 혼자 달맞이고개에 서 있는 엄마의 발은 참 예쁘기도 했다. 230mm의 조그마한 치수에 볼이 좁고 가늘어 고무신을 신으면 단아한 느낌이었다. 그런 엄마의 발이 차기만 하다. 발등과 발바닥을 주물러 보지만 따뜻해지지 않는다. 맨발의 울 엄마, 구멍 난 양말만 신었었지.

나는 보호자 침상에서 쪼그리고 잤다, 엄마 걱정만을 하면서, 온전히 엄마만을 생각하는 날을 보냈다. 엄마가 깨어나기를 기다리면서 순전히 엄마의 딸로 돌아갔다. 아내, 엄마, 선생, 작가… 세상의 어떤 역할로도 대신할 수 없는 딸이라는 이름으로 보낸 하룻밤, 엄마를 위해서 보낸 시간이 너무도 없었음이 부끄러웠다. 엄마가 깨어나기를 기다리는 동안에 비로소 달맞이고개의 울 엄마를 떠올리다니. 콧물받이 수건을 둘렀던 초등학교 1학년 때부터 마흔인 지금까지 하루도 거르지 않고 나를 기다리던 엄마. 엄마가 내 등 뒤에 있어 무섭지 않았던 거구나.

"엄마, 어서 일어나. 내가 엄마 기다리고 있는 거 안 보여?"

내 말을 들었을까, 거짓말처럼 엄마는 가만히 눈을 뜨신다. 햇살을 받으며 순순히 꽃잎을 여는 달맞이꽃처럼. 노랗고 창백한 일흔아홉 살 울 엄마. 앞으로 내가 엄마를 기다리는 날은 얼마나 남았을까.

동행

경주로 가는 길은 열려 있다. 울산에서 경주까지는 승용차로 1시간이면 충분한 거리. 그럼에도 오랫동안 경주에 가지 않았다. 더 정확하게 표현하자면 경주에는 몇 번 갔었지만 아버지의 죽음과 관계된 내 고향 충효동에는 갈 수 없었다. 그곳은 눈물 없이는 생각할 수 없는 내 유년과, 영원한 그리움의 대상인 아버지의 흔적이 곳곳에 남아 있어서다. 천마총에서, 안압지에서,

첨성대에서 그리고 경순왕의 마지막 술잔이 돌고 있었던 포석정에서도 나는 무심할 수 없다. 삼베 잠방이를 붙들고 매달리듯 따라다녔던 그 더운 여름의 기억, 팥물이 줄줄 흐르던 '아이스케키' 때문에 무명 손수건을 연신 갖다 대시던 황혼의 아버지. 이미 간암 말기였던 당신의 운명을 짐작하신 까닭에 더욱 말씀이 없으셨던가. 아무것도 모르고 천진난만하게 이것저것 물어보며, 맛있는 거나 탐내던 그때를 생각하면 눈물이 난다. 마흔이 넘어 얻은 막내인 나를 애지중지하신 것은 아마 당신께서 이승을 곧 떠난다는 사실을 아셨기 때문일까.

아버지의 무등을 타고 경주 시내를 돌아다녔다. 경주는 아름다웠다. 어린 내 눈에 경주는 평화스럽고 느긋하여 나를 사로잡았다. 저녁 무렵에 아버지는 어린 나를 품에 안고 막걸리를 잡수셨다. 그리고는 늦은 시간인데도 이발소에 들러서 머리를 깎으셨다. 빨래판에 앉아 나도 머리를 깎았다. 흐린 불빛 때문에 이발사는 내 귓불을 조금 잘랐다. 나는 울음을 터뜨렸다. 홍시 냄새 나는 아버지의 품에 안겨 상처보다 심한 엄살을 떨었다. 내를 건너야 했다. 동네 입구에 긴 냇물이 있었다. 아버지는 잠방이를 둥둥 걷으시고 나를 높이 올리셨다. 집이 보였다. 달구지 위에는 긴 장죽에 붙인 동네 어른들의 담뱃불이 반짝반짝 빛났다.

"몸도 성치 않은 사람이 어디 갔다 이래 늦노? 집에서 몇 번이고 마중 나왔다 아이가."

그리고 며칠 후 아버지는 세상을 떠나셨다. 나는 아버지의 임종을 보지 못했다. 그러나 아버지가 돌아가셨다는 사실은 알 수 있었다. 어른들은 한사코 나를 아버지의 시신이 안치된 방에 들여놓지 않았지만 나는 살짝 아버지의 굳어진 얼굴을 보았다. 차라리 모른 체하고 보지 않았으면 좋았을 것을 잔망하게도 나는 네 살에, 저승의 얼굴을 한 아버지를 보고 말았다. 이승에서의 마지막 소풍을 막내딸과 함께 보내신 당신의 마음은 무엇이었을까? 아버지 옆에서 감꽃이 피고 감꽃이 지고… 하얀 감꽃 목걸이는 오래전에 시들었지만 나는 아버지도 그렇게 시들어 떠날 수 있다는 사실을 알지 못했다. 감잎이 생기면 아버지는 "네 귓불 같구나." 하고 말씀하셨는데… 세월이 흘렀다. 내 가슴속에 우물처럼 자리하던 아버지의 기억을 더듬어도 될 만큼의 세월이.

선인장에 찔린 것처럼 가슴이 아프더라도 나는 아버지의 오랜 친구이며 평생의 동지요, 경쟁자였던 정 의원을 만나러 갈 것이다. 그분이 차가운 무덤 속에 들어가기 전에 마지막으로 얼굴이라도 한번 보고 인사를 드리는 것이, 내가 아버지에 대한 최소한의 예의라고 생각되어서다. 아버지를 회상할 때 가장 먼저 떠오르는 친구, 그분이 돌아가시고 나면 아버지를 떠올릴 수 있는 아무런 인연도 기대할 수 없어질까 봐 두려운 것이다. 몇 달 전부터 그분이 암으로 투병하고 계시다는 소식을 바람결에 듣고 얼마나 가슴이 아팠던지. 그러나 게으름을 핑계로 나는 그분의 병상에 한 번도 얼굴을 내밀지 않았다. 그분을 만나기가 왜 그렇게 어렵고 나는 차일피일 미루기만 했을까. 어쩌면 고향을 지키고 있는 그분을 통해 아버지가 아직도 살아 계신다는 신화 같은 느낌으로, 그 신화에서 깨어나기 싫어 버티고 있었던 건 아닐까. 마침내 그분이 돌아가시면 내가 깨어 울어야 할 현실이 끔찍해서 부러 회피한 것은 아닐까, 하는 생각도 들었다.

내일은 가야지, 하고 마음을 다져먹은 올 가을에 그분의 부음을 들었다. 마침 일요일이라 부산에 사는 작은오빠와 함께 장례식에 참석했다. 그분의 무덤은 아버지의 평생 일터였던 농장이 한눈에 보이는 곳이었다. 황무지를 개간하시던 아버지 옆에서 말없이 지게를 져 주었다는 그분의 마음이 가을바람을 타고 내게 전해져 왔다. 아버지께서 선거에서 낙선하셨을 때에도 위로의 술잔을 기울이시며 아버지보다 더 슬프게 울더라는 이야기를 작은오빠가 들려주었다. 어느덧 그분의 봉분이 완성되고 사람들은 천천히 발걸음을 옮겼다. 그러나 나는 오랫동안 걸음을 옮길 수 없었다. 말없이 쪼그리고 앉아 한동안 있었다.

조용히 산을 내려왔다. 나는 작은오빠의 팔에 손을 꼈다. 눈이 내렸으면 좋겠다 싶었는데 등 뒤에서 비가 내리고 있었다. 봄비 오는 소리를 들으면서 눈을 기다린다는 것은 얼마나 허허로운 일인가. 나는 어린아이처럼 순진해졌으면 좋겠다. 다시 아버지를 만나고 아버지의 오랜 친구였던 그분을 만날 수 있었으면 좋겠다. 나에게 나의 동행이 있듯, 아버지에게도 동행이 있으며, 그 동행으로 저승에서도 외롭지 않았으면 좋겠다.

우물에 얽힌 전설

작년 9월 이사를 했다. 학교에서 5분 거리인 우리 집은 아침이면 해가 뜨는 모습을 제일 먼저 볼 수 있는, 위치가 좋은 곳에 있다. 집에서 5분 거리에 우물이 하나 있음도 참으로 혜택 받은 일이다. 이곳 사람들의 대부분이 식수로 이용하는 우물에 나는 게으름을 핑계로 1년이 되도록 한 번도 가보지 않았다. 그러다 문득 나는 우물을 멀리하고 있는 내 무의식의 심층에 잠든

'추억' 한 가지를 떠올렸다.

경주, 내 나이 다섯 살 때 고향 마을에는 우물이 많이 있었다. 우리 집 앞에도 우물이 있었지만 몇 집 건너 새로 판 우물을 오랜 가뭄에도 시퍼런 물이 출렁출렁했다. 나와 터울이 다섯 살인 언니는 초등학교 3학년, 언니와 나는 새 우물이 있는 집으로 놀러 갔다. 언니는 그 집 오빠와 고무줄놀이에 열중했고 나는 일곱 살짜리 남자 친구와 감자를 씻고 있었다. 장독소래기에 보랏빛 감자를 넣고 그 속에 발을 담가 달그락달그락 비비면 껍질이 벗겨지면서 감자의 하얀 속살이 나타났다. 두레박으로 물을 길어 장독소래기에 붓던 나는 느닷없는 호기를 발휘했다. 어른들은 한 번 만에 두레박을 길어 올리던데… 생각과 동시에 내 팔을 쭉쭉 늘여 두레박을 당겼다.

풍덩. 모든 것은 찰나였다. 다섯 살짜리 계집아이인 나는 두레박의 무게에 되레 끌려 우물 속으로 빠졌다. 지금도 선명하게 기억나는 그날, 나는 우물 속에서 열 번 정도 오르락내리락하면 죽는다는 미신 같은 이야기를 생각해냈다. 한 번, 두 번, 횟수를 헤아리며 우물 반자를 붙잡았다. 손톱이 빠질 것 같은 통증이 왔지만 살기 위해 나는 돌멩이를 놓지 않았다. 다행스러운 것은 새 우물이라 물이끼가 많지 않았던 것이다. 긴 시간이 흐른 것 같았다. 시끄러운 바깥 소리는 일절 들리지 않았다. 언니, 오빠들은 모두 어디로 갔을까? 그리고 내 남자친구는?

돌멩이를 잡고 있는 손아귀에 힘이 빠졌다. '이제 정말 죽는구나.' 나는 조숙하게도 내 작은 생을 체념하려 했다. 돌멩이를 놓으려고 했다. 우물 속에서도 나는 아마 울었던 것 같다. 그때였다. 거대한 삶의 손길, 억세게 낚아채는 힘이 느껴졌다. 아! 살았구나. 짧은 순간 안도감을 느끼며 나는 실신했다.

시간이 얼마나 흘렀을까. 배를 압박하는 느낌, 심한 구역질 덕분에 죽음의 잠에서 깨어났을 때 주홍빛 햇살은 아름다웠다. 그 햇살 아래 나를 둘러싸고 있는 오빠, 언니, 남자친구의 수심 어린 표정이라니, 지금 생각하면 웃을 수도 있는데….

세월이 흘렀다. 나는 두 아이—그때 내 나이와 비슷한 네 살, 여섯 살 난 영민하고도 귀여운—들에게 우물에 갈 것을 제안했다. 가을햇살이 따사로워 약수통을 들고 걷는 길에 고추잠자리가 길을 안내한다. 꼬불꼬불 논두렁길을 따라 걷는 동안 파란 하늘빛이 우리 눈에 묻어난다. 노래를 부르면서 우물에 도착했을 때 오랜 가뭄으로 우물은 천 길 낭떠러지처럼 깊었다. 두레박을 우물 속으로 던지니 '터엉' 하는 공명음이 크게 울린다. 몇 번이고 팔을 저어 물을 길어 올렸을 때 큰아이가 까치발을 하고 우물 속을 들여다보고 있었다. 나는 놀라서 소리 지르며 아이의 허리를 휘감았다. 작은아이도 엉겁결에 제 형을 붙잡았다.

"엄마, 우물에 빠지면 죽지, 응?"

작은아이의 물음에도 쉽게 대답이 나오지 않았다. 아이들 몰래 나는 가슴을 쓸어내렸다. 모전자전이라고, 공연히 내 다음을 이어

우물에 빠지는 아들의 환상을 떠올렸을 뿐이었다. 그러나 이 두 아이들은 여전히 즐거운 모양이다. 세 발 자전거에 실린 빈 약수통이 덜거덕거린다.

흐르는 강물처럼

비둘기 암컷은 수컷한테 그렇게 헌신적이래.
그런데 일찍 죽는단다.
자기도 사랑받고 싶었는데 주기만 하니까
허기 때문에 속병이 든 거지.
사람도 그래.
내가 주는 만큼 사실은 받고 싶은 거야.

그러니 한쪽에서 계속 받기만 하는 건
상대를 죽이는 짓이야.
—은희경의 〈행복한 사람은 시계를 보지 않는다〉 중에서

그와 나는 메밀 꽃밭을 걷는다. 말없이 걷는 그와 나의 발아래 꽃송이가 무너진다. 쓰러진 꽃송이를 가만히 쥐어 본다. 꽃물이 눈물처럼 배어나온다. 꽃도 눈물을 흘리는 것일까.

어두워지는 강 언덕을 바라보며 캔 맥주를 한 모금 마셨다. 체한 듯 답답하다. 흐르는 강물 위로 바람 한 점 불지 않는다. 오직 강 건너편에 자동차만이 질주하고 있다. 자동차들의 긴 행렬이 우리 침묵을 이어준다. 자동차 불빛은 오랫동안 멈출 것 같지 않다. 오랜 침묵을 먼저 깬 건 나다.

"우리 헤어져요."

응어리진 감정을 차갑게 날렸다. 옆자리에 앉은 그는 잠시 창백해지더니, 캔을 구부린다.

달리는 사람, 걷는 사람, 이야기를 나누는 사람들이 우리의 뒤를 지나친다. 숨 막히는 정적을 사이에 두고 강가의 평범한 일상이 맴돌고 있다. 어지럼증이 느껴진다. 고개를 들고 맥주를 한 모금 더 마신다. 그의 옆얼굴을 본다. 석고상처럼 단정한 그는 고통으로 더욱 하얗다. "생각해 볼게."

침묵하던 그의 입술에서 나온 소리가 너무 컸기 때문일까, 지나

가던 사람들이 한 번씩 돌아본다.

3월에 우리는 강가 아파트로 이사를 왔다. 이사 온 이후 나는 그에게 자주 강가를 산책하자고 했다. 퇴근길에 차창 밖으로 내다본 풍경이 너무나 평화롭게 보여서다. 운동복 차림의 부부, 자전거를 탄 아줌마들, 롤러브레이드를 탄 아이들이 보기 좋았다. 가족들이 손을 잡고 걷거나 깔깔거리며 얘길 나누는 모습은 내심 부러움을 자아냈다. 시간을 내서 강가에 산책을 가거나 풍경화를 그리거나 사진을 찍고 싶었다. 그러나 6개월 동안 한 번도 오지 못했다. 처음에는 그도 나도 정신없이 바빴다.

그렇게 봄이 가고, 여름이 지나고, 가을이 왔다. 강의 풍경은 나날이 달라지고 있었다. 연초록 새싹들이 곳곳에서 자라 어느새 풀이 무성해지고 바람이 심한 날은 우우 함성을 지르기도 했다. 태풍이 오던 날은 주체하지 못하고 울부짖다가 정적처럼 햇살 아래 누워있기도 했다. 갈대는 낯선 땅에서 홀로 견디느라 가끔 신음을 내지만 새들과 속삭인다. 비 내리는 날이면 강가의 풍경들은 저마다 본색을 드러내고 싶은 것일까. 강은 바닥에 잠자고 있는 지독한 냄새를 토해내고, 수런거리는 갈대와 풀들은 빗물에 씻기어 저절로 제 모습이 드러난다.

밤이 깊어가고 사람들의 발걸음 소리가 줄어든다. 풀벌레들이 다리 사이 여기저기를 간질인다. 흐르는 강물을 바라보는 남자의 눈빛이 출렁인다. 쓸쓸해 보이는 남자의 옆모습에서, 난 23년 전 그를 처음 만난 때를 떠올려 본다. 그해 3월은 유난히 추웠다. 대학 캠퍼스에 들어서면 왠지 모를 지독한 이방인의 감정이 되곤 했던 나는, 미리내 계곡을 자주 헤매고 다녔다. 봄이었지만 계곡의 나무는 새순을 틔우지 않았고, 새싹들도 고개를 내밀지 않았다. 을씨년스런 회색빛 상아탑 속에서는 살아있는 것들의 기미를 느끼기는 어려웠다. 이곳저곳 두리번거리다 느릅나무 둥치에 붙어있던 공연 포스터를 보았다. 그것은 신입생 환영 연극 공연이었고 제목은 'Luv'였다. 남자 주인공으로 나온 남자는 여자 주인공과 우스꽝스럽게 일그러진 'love'를 연기해 보였다. 그 공연을 보고 나는 극예술연구회 단원으로 가입했다.

한낮에도 어둠이 뭉쳐져 있던 공간, 푸른 조명이 막 뒤편에서 꿈처럼 어지럽게 흔들리던 그곳, 대학극장 객석에 앉아 그의 얘기를 듣는 일이 내 유일한 즐거움이었다. 그가 엮어내는 유리 동물원의 동물들은 크리스털로 반짝반짝 빛을 내고, 그가 무대에서 살아본 우리 읍내는, 죽음도 삶의 일부처럼 천연덕스럽게 다가왔다. 그의 입을 통해 쏟아지는 모든 얘기들은 내 삶의 일부가 된 것 같았다. 그의 목소리에 실려 나온 모든 얘기 덕분에 내 삶은 깊은 잠에서 깨어나 숨을 쉬며 생명을 얻어 날갯짓하곤 했다. 그의 맑은 목소리는 공명을 내며 오래오래 자유롭게 내 가슴속을 날아다녔다. 군대에 간 그는, 편지 속에서도 끝없는 얘기를 이어나갔다. 한 번도 가 본 적이 없는 먼 곳의 산과 강이 편지 속에 담겨서 하늘과 구름과 바다의 구석구석을 내가 본 듯 생생하게 바라볼 수 있었다. 그가 산속에서 보내는 봄, 여름, 가을, 겨울이 내가 세상에서 보내는 것보다 훨씬 다채롭고 매혹적이었다. 세상의 어떤 단조로움조차 솜사탕마냥 달콤하게 포장하는 능력이 있던 그의 옆에서 내가 가지지 못한 평화를 느낄 수 있었다.

그와 난 결혼을 했다. 우린 작은 방에 누워 사랑을 하고, 옥상에 올라가면 깊은 하늘에서 서로의 별자리를 찾았다. 그는 여전히 이야기를 잘했다. 연극을 보고 집으로 돌아오는 지하철에서나, 설거지를 하던 부엌에서, 언제나 내 곁에서. 주말 부부로 지냈던 시간도 있었다. 서울 – 산청까지 5년여, 지리산 산수유가 피고 지는 동안에 우리 아이들의 눈빛도 영글었다. 비가 오면 강물이 불어 소녀처럼 두려워했고, 눈이 내리면 걱정되던 날들이 깔깔거리는 그와 아이들의 웃음소리에 묻혀 버렸다. 두 아이들은 경호강의 흐르는 물살만큼 세차게 자랐다.

산청을 떠나 울산으로 온 그해 봄, 유채꽃이 환하게 핀 태화강에 왔었다. 그와 난 의자에 앉아 손을 잡았고, 아이들은 도화지에 유채꽃 그림을 그렸다. 그때 아이들은 장난질에 마음이 쏠려 돌아다니다 개흙구덩이에 빠졌다. 젖은 운동화에서는 심하게 구린내가 났다. 울상이 되어 집으로 가자고 조르는 아이들을 간신히 달래며 울산에 온 첫 행복을 사진으로 남겼다. 노랗게 물결치던 유채꽃밭에서의 사진, 아이들이 노는 것을 지켜보며 행복했던 시간들, 그 속에 숨어있던 늪, 그 속에서 삶의 복병이 있을 줄이야!

텅 빈 강가, 사람들의 소리가 들리지 않는다. 강 건너 달리던 차들의 행렬도 줄었다. 달빛에 가만히 흔들리던 강물이 바다 쪽으로 급물살을 만들며 흐르고 있다. 꼼짝없이 앉아 캔 맥주의 마지막 한 모금을 입속에 털어 넣는다. 텅, 소리를 내며 가슴 깊은 곳까지 내려간다. 강바닥에 숨 쉬고 있을 모래와, 자갈과, 흙이 뒤얽히는 소리 같다. 체증이었다. 내 안에서 수많은 고리를 만들어 그를 얽어매고 괴롭혔던 것이다. 일상에서 누구나 겪고 있는 허기를 그에게 채워달라고 떼쓰고 있었던 것이다. 어린아이처럼 보채다가 자지러지는 것이다.

"우리 헤어져요."

차갑게 내뱉은 이별의 말은 그를 사랑한다는 또 다른 고백의 말이었다. 나는 흐르는 눈물을 닦고, 그의 손을 잡았다. 내 어린 마음과 내 오랜 습성을 흐르는 강물에 내려놓고, 자리에서 일어났다. 아무 말 없이 일어나는 내 목소리는 그의 가슴으로 간절한 소망이 되어 전해지고 있을까.

큰언니

내 유년 시절, 젖을 떼고 걸음마를 시작한 그날부터 나의 또 다른 엄마는 큰언니였다. 나와는 열일곱 살이나 터울이 지는 언니는 농삿일에 바쁜 어머니 대신 집안일을 도맡아 했다. 초등학교를 졸업한 언니는 조부모님의 극심한 남녀차별 편견에 부딪혀 상급학교 진학을 포기했다. 친구들이 예쁘게 교복을 차려입고 단발머리를 찰랑이며 학교에 갈 때에 언니는 흰 무명 저고리에 검은 통치마, 갈래머리 땋은 모습으로 부엌 문설주에 기대어 있었다. 아궁이에 불을 지키면서 언니는 자신을 솔가지처럼 태우고 싶었을까.

그즈음 마을에는 개척교회가 들어섰다. 신학대학을 갓 졸업한 전도사는 신선한 미소를 지으며 반짝이는 성경책을 들고 만나는 사람마다 손을 잡거나 흔들어 주었다. 마을 꼬맹이들은 앞을 다투어 교회에 나가 찬송가를 배웠다. 미국에서 건너온 'made in U.S.A'의 낡은 구제품 옷들이 아이들의 몸을 감쌌다. 배앓이를 멈추게 하는 신비한 약도 사람들을 감동시켰다.

가을이었다. 교회 앞의 코스모스는 종소리에 실려 어지러이 꽃씨를 터뜨렸다. 얼마 후, 언니는 교회의 열렬한 신자가 되었다. 저녁상을 물리고 설거지가 끝나면 행주치마를 풀고 집을 나섰다. 예배가 끝나도 돌아오지 않는 날들이 늘어갔다. 마을에서는 은밀하게 언니와 전도사의 사랑이 전해졌다. 소문을 전해들은 아버지는 가문의 망신이라며 큰언니에게 금족령을 내렸다. 어린 나는 아버지의 엄명을 받아 큰언니를 감시하는 일에 몰두했다. 그러다가도 왕사탕을 쥐여주는 전도사의 손끝을 거절하기 어려웠다. 어느새 내 호주머니 속에는 곱게 적힌 연서가 들어 있었고 그것을 받은 언니는 나를 깊이 안아 주었다. 그러나 오래가지 못했다. 사태의 심각성을 깨달은 아버지는 언니의 머리카락을 잘라 버렸다. 방문 앞에는 견고한 자물통을 채워 놓고서….

하루 해가 그렇게 길고 지루하게 느껴지기는 처음이었다. 툇마루에 앉아 무료히 해바라기만을 계속했다. 닭들도 꼬꼬거리지 않고 나는 지쳐 잠들기 일쑤였다. 그러던 어느 늦은 봄 오후, 언제 왔는지 전도사가 내 옆에서 불안하게 웃고 있었다. 옷까지 갈아입고 보자기를 둘러쓴 언니는 잠에서 깬 나를 꼬옥 안아 주었다. 바가지에는 장독대 끝에 열려 있어 욕심만 내던 앵두가 가득 담겨 있었다. 햇살을 등지고 언니는 그렇게 떠났다. 믿고 사랑했던 그 사람과. 그때 앵두는 무슨 맛이었던가. 지금 생각해 보면 언니의 눈물, 뼈아픈 결별의 눈물맛 아니었나 싶다. 잊고 살았다. 마을 안에서 언니와 전도사의 사랑의 도피는 오래된 전설처럼 잊혀지고 아버지도 별세하셨다. 흑백 결혼사진 속 언니의 모습이 슬프다. 남루한 스웨터 차림의 어머니가 교회 십자가를 뒤로 한 채 딸의 가슴 아픈 결혼식을 지키고 서 있다. 눈빛은 한없이 젖어 있으나 입술은 완강하게 다물고 있다. 그 옆에 빨간 스웨터라고 기억되는 새옷을 입고 들뜬 여섯 살의 어린 계집아이, 내 모습도 보인다.

가끔 잠결에 두런거리는 얘기소리가 들렸다. 한숨 소리, 눈물 훔치는 소리, '끌끌' 혀를 차는 소리도. 아침에 일어나면 썰물처럼 떠나고 없는 언니의 흔적을 발견할 수 있었다. 아무도 말로 하지는 않았지만 언니가 어렵게 살고 있음을 느낄 수 있었다.

고향을 떠났다. 어머니는 아버지의 빈자리가 큰 경주 땅을 벗어났다. 세월이 화살처럼 흐르고 언니는 한 명, 두 명, 세 명의 딸을 낳았다. 궁색한 살림살이에 영양실조의 흔적이 역력한 네 명의 여자가 기울대로 기운 친정집 처마 밑에서 제비처럼 머물다 떠나곤 했다. 나는 어느새 여중생이 되어 있었다.

그날 밤, 악몽같은 어느 날 밤의 일도 사춘기 시절의 여중생일 때 겪었다. 옆에서 자던 언니가 갑자기 소리를 지르고 몸을 고통스럽게 비틀고 피를 끓어 올렸다. 처절한 발작의 시간이 지나자 피멍으로 얼룩진 혀를 모아 언니는 말했다. "놀랐지? 미안해…"라고. 목회자의 뒷바라지를 하느라 3년 넘게 라면만 먹고 살았다는 언니는 원인 규명과 치료가 힘든 '간질'에 걸린 것이다. 어머니는 언니를 이렇게 망쳐버린 그놈을 용서할 수 없다고 통분을 금치 못했지만 오히려 그 사람은 이혼을 원한다고 했다. 발작을 보게 되면 아이들의 정서에 해를 끼친다는 이유를 들며.

젊은 여자와 재혼한 그 사람과 언니는 오랜 세월 후에야 이혼에 합의했다. 아무것도 모르는 세 명의 딸은 그 사람에게 남겨졌다. 경제적 능력이 전혀 없는 언니는 세 아이와 함께 살아갈 수 없었기 때문이다. 언니는 경주에서 그 사람을 따라 우리 가족을 떠날 때보다 더 쓰라린 가슴을 안고 타향으로 식모살이를 떠났다.

어느덧 언니는 40대 후반의 중년 여성이 되었다. 언니의 딸들은 진실을 알 수 있을 만큼 자라 언니와 교류하고 지낸다. 나도 두 아이의 엄마가 되어 살고 있다. 그러나 나는 아직 알지 못한다. 큰언니의 사랑을. 칠흙같은 어둠 속에서도 진주처럼 고귀함을 잃지 않는 그 순수한 기다림을.

늦게라도 그 사람이 언니 앞에 무릎 꿇고 참회하기를 바라는 것은 순전히 내 소망이다. 언니는 벌써 오래 전에 자신의 신神을 통해 그의 가엾은 영혼을 용서했을 테니.

노동으로 거칠어진 언니의 손끝을 만져본다. 인생의 거센 회오리에도 살아남은 강한 생명력은 어디에서 왔을까.

엄마 냄새

엄마가 죽었다. 작년 가을에 엄마는 이 세상을 떠났다. 엄마가 떠나도 나는 밥을 먹고 잠을 자고 학교에 가서 아이들을 가르치고 영화를 보고 거리를 걷고 웃고, 울고, 떠들며 살아가고 있다. 봄에는 벚꽃을 보고 여름에는 바다에 발을 담그는 일상도 마다하지 않았다. 엄마가 떠난 순간의 그 깊은 슬픔을 나는 기억하지 못한다.

엄마는 일주일 동안 아프다가 떠났다. 92번째 생일날 미역국을 몇 숟갈 뜨지 못하고 고개를 이리저리 흔들었다. "엄마!" 부르면, 맑은 눈으로 쳐다보면서도 기운이 없어 신생아처럼 목을 가누지 못하다가 의식을 잃었다. 엄마의 혈관을 타고 비타민과 고농도의 단백질이 흘러들어가도 엄마는 꼼짝을 하지 않는다.

"엄마!" 불러도 대답이 없었다. 일주일 전 뮤지컬 공연이 끝나고 꽃다발을 들고 병실에 들어가면서 "엄마, 꽃 이쁘지?"라고 묻자, "그래!" 하고 대답한 것이 지상에서의 마지막 말이었다. 자신의 의견을 주장하지 않던 엄마가 가장 자주 쓰던 말. "그래! 괜찮다."

엄마가 거처하던 작은 방문을 열었다. 닫아 두었던 창문을 열고 엄마 침대에 누워 보았다. 피아노 위에 얹어 둔 위패와 영정사진이 날 내려다보고 있다. 엄마가 희미하게 웃고 있다. 나는 엄마를 더 붙잡지 못해 미안하다고 말한다. 엄마가 나한테 말을 한다. 그래! 괜찮다. 엄마는 웃고, 나는 운다.

빽빽해진 창틀 너머 무성한 나뭇가지가 보인다. 바람에 살랑거리는 나뭇잎이 엄마의 목소리를 전해준다. 십삼 년 전, 중환자실에서 엄마는 눈을 뜨자마자 나와 함께 살아서 행복했다고 말했다. 나는 엄마에게 받기만 하고 준 게 없어 미안했지만 엄마는 나와 함께 살아서 행복했다고 말해 주었다.

3년 전부터 거동이 불편해진 엄마는 하루 종일 누워 지냈다. 아파트 1층 집 앞 엘리베이터의 소란스러움도 엄마에게는 살아있는 사람들의 반가운 말소리였다. 현관문이 열리면 종소리가 나면 엄마는 "화야가?" 하고 말을 걸어왔다. 가족의 귀가를 누구보다 기다리던 엄마, 창가 나뭇잎의 흔들림에도 설레었으리라. 톡톡 막내딸의 구두 발자국, 턱턱 외손자의 운동화 소리, 툭툭 사위의 구두 발소리를 구별하며 누워있던 엄마.

엄마는 지금의 내 나이보다 젊은 마흔 중반에 남편을 잃었다. 아무것도 몰랐던 엄마는 큰아들의 안내로 고향을 떠나 언양으로, 부산으로 이사를 했다. 성장한 큰아들에게 의지한 채, 밥을 짓고 빨래를 하고 집안일에만 파묻혔다. 집안일로 고단한 엄마의 등은 항상 내 잠자리였다. 잠투정을 하며 엄마의 등을 파고 들면 엄마는 나를 업고 밤하늘을 보며 알아들을 수 없는 처량한 가락을 흥얼거렸다.

내 아이들도 엄마의 등에서 자랐다. 먼 지리산 아래서 선생을 하는 막내딸의 아이를 늙은 엄마가 업고 키웠다. 칠십이 넘은 엄마의 등 뒤에서 나를 기다리고 잠이 들던 내 아들을 받아 품에 안으면 우리 아들에게서 엄마의 고단한 땀 냄새가 전해왔다.

작년 6월 21일 오후 3시, 해병대에 있는 작은아들의 부대에서 전화가 왔다. 아들이 급속 행군 중에 열탈진으로 쓰러졌는데, 몇 시간이 지나도 깨어나지 않는다는 것이다. 수화기 너머 상대의 당황한 목소리를 느끼는 순간 가슴이 쿵 하고 무너졌다. 별일 없을 거야. 무너지려는 마음을 다잡으며 남편과 포항 부대로 올라가는 1시간 30분이 긴 악몽의 시간이었다. 부대 입구까지 마중 나온 행정관의 안내를 받아 병원으로 들어가니, 부대장이 나와 기다리고 있었다. 마음은 더 불안해졌다. 병실에 들어서니 혼수에 빠진 듯 누워있는 아들이 있었다. 아들아, 아들아, 엄마가 왔다. 아들아, 눈을 떠라! 아들은 엄마의 냄새를 맡았을까? 거짓말같이 의식을 차리며 어머니, 하고 나를 부른다.

아들은 희미하게 미소 짓는다. 침대 옆에는 아들의 군복이 금세 빨래한 것처럼 젖어 비닐봉지에 담겨있다. 아들의 눈물 같다. 고단한 군대 생활에 말은 못하고 저렇게 땀으로 흘려보내고 몸은 실신해 버린 것일까. 젖은 수건 짜듯이 아들의 온몸을 꼭 짜면 눈물이 뚝뚝 떨어질 것이다. 하지만 나는 아들이 우는 것을 보는 게 싫다. 아들아, 괜찮을 거야.

"어머니, 저 신종플루래요."

고3 가을이었다. "쿠다당!" 새벽에 화장실에서 거대한 물체가 넘어지는 소리에 깜짝 놀라 일어났다. 남편과 함께 힘겹게 문을 열고 아들을 안아보니 온몸이 불덩이처럼 뜨거웠다. 수능 한 달은 남겨 놓은 시기라 아이가 학교에 가겠다고 고집을 부려 보냈는데, 연일 방송에서 위험을 알리는 신종플루에 감염이 된 것이다.

전염에 취약한 엄마를 셋째 언니 집으로 피신시키고 작은아이를 엄마 방에 격리시켰다. 등교정지를 권유받아 학교에 가지 못하고 임상실험을 완전히 거치지 않은 약을 복용해야 했다. 아이는 많이 불안해했다. 고3이라는 시간 속에서 혼자 겪어야 하는 낯선 질병과의 싸움을 견디어야 했다. 아침저녁, 아이를 위한 따뜻한 밥상을 차려 작은 방에 넣어주며 안심시켰다. “괜찮을 거야!” 내가 조금이라도 아프면 엄마의 부드러운 목소리가 들려온다. “괜찮아.”

작년 7월부터 엄마를 요양병원에 모셨다. 가끔씩 실수를 하는 자신을 용납할 수 없었던 엄마가 막내딸을 위해 선택한 곳이었다. 집에서 5분 거리에 있는 시설에 엄마를 모셔놓고 매일 저녁 엄마를 만나러 갔다. 병실 문을 열면 환하게 웃으며 나를 반기는 날이 많았다. 엄마의 손을 잡고 눈을 바라보며 하루의 일상을 재잘재잘 풀어놓았다. 엄마는 말없이 듣기만 한다. 막내딸의 수다를.

작은아들이 해병대에서 마지막 휴가를 왔다. 병실에 누운 엄마는 기분이 더 좋아 보였다. 외손주가 휴가를 온 것이 믿을 수 없는 사실처럼 매일매일 얼굴을 보고 또 보았다. 아들은 병실에서 외할머니의 다리를 주무르며 할머니의 침대 위에서 잠이 들기도 하였다. 가을이 깊어가고 엄마는 점점 가벼워져 나비처럼 얇아지고 있는 것을 나는 몰랐다.

학교 뮤지컬 공연 막바지 준비로 잠시 엄마에게 소홀했다. 학생들과 성남동에서 늦은 밤까지 소품을 구하러 다니면서 이틀 동안 엄마를 보러 가지 못했다. 공연 전날 밤, 지친 몸으로 엄마를 보러 갔지만 엄마는 모로 누워 잠들어 있었다. 하얀 박꽃이 휙 고개를 돌린 듯 보였다. 다음 날부터 엄마는 의식을 거의 잃었다. 사흘 후 엄마가 세상을 떠났다.

엄마가 떠나고 작은아이도 제대를 했다. 큰아이와 작은아이가 무사히 제대하기만을 기다린 듯 엄마는 훌훌 가벼운 마음으로 지상에서 천국으로 떠났다. 아이들은 외할머니 방문을 열고 침대에 누워 잠이 들 때가 많다. 나도 엄마 방에 누우면 잠이 솔솔 온다. 눈을 감으면 엄마가 팔을 훌쩍 벌리고 나를 안아준다. 그러면 엄마에게 미안한 마음이 다 나아 버린다.

나는 울지 않는다. 나는 엄마 냄새를 잊지 않으려 애쓰지도 않을 거다. 엄마 냄새가 새어나가지 않도록 집안의 창문을 꼭꼭 닫지도 않을 거다. 내 마음이 이끄는 대로 엄마 침대에 누워 나무를 보고, 하늘을 보고, 엄마를 느낄 거다. 어느새 내 심장에서 엄마가 나에게 속삭인다. 괜찮다. 내 심장이 편안해진다. 나는 잠을 자고 또 일상을 살아갈 것이다.

2

내 마음의 등대

오래오래 그의 옆얼굴을 보며 삶의 옆모습을 채색하고 싶은 마음이 인다. 시공을 초월해 교신하고 싶은 마음, 부드럽게 흘러가는 강물의 마음. 집으로 오는 길에 메밀꽃이 바람에 흩날린다. 무심히 흐르던 강물이 진주 알갱이처럼 눈부시게 찰랑거리는 것이다.

존재의 이유

언제부터인가, 이른 아침 거울 앞에서 화장을 할 때면 피아노 연주 소리가 들려온다.

'누가 이 시간에 피아노를 치는 것일까?'

출근 시간마다 홈통을 타고 내려가는 물소리, 변기 물 내리는 소리 따위로 잉잉거리던 내 귀는 그 맑고 분명한 소리에 놀라 소라가 된다. 소라가 그 소리를 듣는다. 이 가을 아침에 베토벤의 〈열정〉을 연주하는 사람은 누구일까? 피아노 곡조에 마음이 알싸해져 나는 눈을 감는다. 반쯤 눈을 뜨고 아이섀도를 그린다. 그리고 조심스럽게 눈썹을 그린다. 눈썹 꼬리는 어떻게 처리할까, 고민할 즈음이면 세상의 고달픈 바람결에 작은 촛불 하나 오롯이 감싸고 있는 그의 손이 떠오른다.

인하. 대학 졸업 후 오랜 시간 동안 잊었던 그가 생각난다. 새치 덕분에 또래보다 나이 들어 보이던 그가 조용하게 책을 읽거나 생각에 잠겨 있는 모습을 보노라면 내 가슴은 뛰었다. 강의실에서, 은행나무 아래서, 해바라기가 있는 풍경 속에서 차를 나눌 때 담배를 피우고 있는 그의 손가락조차 피아니스트의 그것처럼 고결해 보였다. 그러나 나의 스무 살이 고통스러웠듯 그 또한 소도시에서의 가난한 장손으로 살아가기가 힘겨웠나 보다. 어버이들이 물려준 남루함에 허기져 하늘의 색깔을 느낄 수도 신선한 바람을 맞이할 수도 없었던 그때, 우리는 서로에게 기댈 언덕이 되지 못했다. 치매로 고생하시는 할머니를 생각하면서, 할머니를 봉양하느라 늙어가는 어머니의 주름살을 헤아리면서 “인간이 존재하는 이유는 뭘까?” 하고 침통하게 묻곤 했지. “글쎄….” 명쾌하게 대답을 하지 못했던 내가 답답했던 것일까. 졸업하기 전에 그는 뜻밖의 결혼을 했다. 피아노 학원을 한다는 그녀의 아내 덕분에 그의 신혼집에는 늘 피아노 소리가 흐르고 있었다.

세월의 강에 흔들리며 서로를 잊고 지내다가 바람결에 묻어오는 그의 소식을 들은 것은 몇 년 전이다. 그의 아내가 임신 9개월의 몸으로 쓰러져 수술로 딸아이를 낳았지만 식물인간이 되어 누워 있다는 것이다.

왜 삶에는 복병이 숨어 있는 것일까. 그리고 우리 인간들은 그 느닷없는 소용돌이를 미리 알 수 없는 것일까. 동물들은 위험한 순간을 예감하는 능력이 있다고 하는데, 지혜롭다고 외치고 있는 우리 인간에게는 예지력이 없는 것일까.

졸업 후 10년. 교원 연수장에서 우리는 다시 만났다. 울산에서 부산으로 새벽 5시면 나는 그를 만나러 직행에 몸을 실었다.

"아직 그렇게 누워만 있는데, 언제까지 네 젊음을 저당 잡힐 거야? 넌 이제 겨우 서른셋이야. 그 여자와 헤어져. 네 딸 생각도 해야지." "다들 그렇게 이야기하지. 그러나 움직이지도 못하는 사람을 버리고 나면 나는 과연 자유로울까…." 그의 눈에 눈물이 고였다. 자신을 희생해서 다른 사람을 지키려고 하는 고귀한 마음을 나는 벌써 잊었는가. 한용운의 시에서처럼 진정한 자유는 사랑하는 사람을 위해서 자신을 낮추고 버리는 것이 아닐까.

대학 졸업 후 교사 발령을 기다리면서 정신박약아를 돌보는 시간이 있었다. 특수학교를 졸업하고 다시 집에서 유기된 채 지내야만 하는 열아홉, 스무 살의 아이들과 산과 들을 돌아다니다가 저녁이면 귀가시키는 반복적인 일상이었다. 그러다 뜻있는 사람들이 모여 재활원을 만들기로 하였다. 평생 동안 안심하고 살 수 있는 곳, 가능하다면 직업 훈련까지 해서 그들 스스로의 삶을 살도록 배려된 장소를 찾기 위해 먼 길을 마다하지 않고 다녔다. 칠월의 더위 속에 우아한 자태를 한껏 자랑하고 있는 능소화가 아름답던 마을을 발견하고 모두들 좋아서 부둥켜안았다. 여름 하늘을 향해 소망하듯이 피어 있던 주홍빛의 단아한 꽃이 능소화라는 이름을 가졌다는 사실은 나중에 알게 되었지만, 그 마을 주민이 우리들에게 준 상처는 여름 소나기처럼 급작스러운 거였다. 모은 기부금을 가지고 어렵게 땅을 샀지만 결국 건물을 짓는 일은 포기하고 말았다. 처음에는 그들의 강경한 태도에 우리는 지역 공청회를 여는 방법으로 대처해 보기도 하였다. 그러나 여름의 더위가 절정에 다다르자 마을 사람들은 아이들이 타고 있는 스쿨버스가 통과하지 못하도록 정자나무 아래 드러누웠다. 하얀 수염이 멋지던 할아버지들의 삼베 적삼 뒤에는 굵은 몽둥이도 보였다. 순진한 아이들이 일제히 입을 열어 울기 시작하였다. 나는 참을 수 없는 분노로 몸이 떨려왔지만 아이들과 엉겨서 울 수밖에 없었다. 그렇게 내 자신이 무기력하게 느껴진 적은 처음이었다. 무엇이든지 노력하면 이룰 수 있다고 믿었는데 현실은 너무나 거대한 벽으로 다가왔다.

어렵게 덕계에 재활원을 지었다. 그리고 개원을 했다. 봄비가 부슬부슬 내리고 있었지만 우리는 즐거움에 취해 테이프를 자르고 노래를 불렀다. 아이들은 미용사가 될 꿈에 부풀어 있거나 재봉사가 될 희망에 부풀어 있었다. 그러나 회오리바람이 아이들의 향해를 방해하러 나타났다. 성지원 사건이 터지면서 우리 복지 단체에도 어두운 폭풍우가 덮친 것이다.

아! 순수함은 어디에도 없는 것인가. 진정으로 누군가를 위해서 살아가는 것은 불가능한 것인가. 나는 눈물을 흘리지 않으려고 아이들과 눈을 마주치지 않았다. 아이들과 헤어져 산을 내려올 때 메아리 되어 퍼지던 내 이름 석 자. 그들에게 끝까지 힘이 되지 못했던 나약한 내 이름에 매달린 어눌한 목소리, 어설픈 몸짓이 떠오른다.

오랜 세월 동안 그들을 잊고 살았다. 비장애인 아이들을 가르치면서 장애인인 그들을 생각하지 못했다. 어느새 눈빛은 흐려지고 가슴에는 먼지가 자욱하게 앉았는가 보다. 10년 만에 만난 그에게 장애자인 아내를 버리고 훨훨 자유를 향해 날아가라고 조언까지 했으니 말이다. "인간이 존재하는 이유는 무엇일까?" 10년 만에 그가 다시 묻는다. "사랑을 받고, 사랑을 주기 위해서."라고 답을 한다. "인간이 존재하는 이유는 무엇일까?" 처음으로 내가 그에게 물었다. "사랑하는 사람에게 자신의 모든 것을 주고 번데기가 되고 싶어서…." 그가 답을 했다.

나는 이제 새롭게 허물벗기를 해야 할 것이다. 사랑한다고 목이 터지게 외치는 대신에 조용히 내가 가진 것을 나누어 주는 삶의 방식을 가꾸어 나가야겠다. 돌이켜보면 내 욕심 때문에 얼마나 많은 사람에게 상처를 입혔을까. 그것 때문에 내게도 생채기가 남았으니. 그에게서 배운 새로운 '사랑법'으로 마침내 아름다운 전환기를 맞이하고 싶다. 그것은 확실한 존재 이유가 될 것이다. 나에게도, 그에게도, 또 다른 의미 있는 타인에게도, 비장애인에게도 장애인에게도….

피아노 소리가 나를 깨운다. 나는 아낌없이 주는 사람이고 싶다.

가계부를 적으며

연초에 시작하는 가계부 적기. 쓰윽 훑어 넘기면 내 가계부는 콩나물, 풋고추, 마늘, 대파 따위의 기본 반찬거리로부터 낙지, 쇠고기, 인삼에 이르는 값비싼 항목들도 간혹 적혀 있다. 서너 달이면 벌써 가계부는 닳은 표지에 온갖 영수증이 덕지덕지 붙어 있어 배가 불룩하다. 가계부를 적을 때 나는 가급적이면 생각나는 모든 항목을 옮겨 적는다. 시내버스 요금에서 빨래집게 사고 남은 거스름돈까지. 간혹 한두 가지가 생각이 안 나, 대체 어디다 썼을까 하고 한동안 고민하기도 한다. 그래도 생각이 안 날 때엔 적은 돈이면 콩나물에 덧붙이고 제법 돈이 비면 쇠고기나 인삼을 한 근 더 산 걸로 적기도 한다. 책임 없는 행위긴 하지만 사소한 몇 푼에 고민하는 게 실은 짜증이 나서다. 꼭 그럴 때다. 남편이 책을 보다가 아니면 평소에 잘 듣지도 않는 클래식 테이프를 들으며 말을 거든다. 여태 몇 번이고 들어본 말인데도 그는 자못 진지하게 말한다.

"당신 가계부 적는 것 보면 우스워 죽겠어. 가계부란 모름지기 연간이면 연간, 월간이면 월간을 기준으로 하고 수입이 얼마, 지출이 얼마, 결과에 따라서 지출이 많았으면 다음 달에는 허리띠를 약간 조르고 하는 따위의 계획이나 대비책이 나와야 하는데 당신 가계부에는 그게 없어. 가장 중요한 게 빠져 있다고. 그런 가계부를 뭣 하러 적는지 몰라."

남들은 어떻게 적는지 몰라도 내가 적는 가계부는 남편의 말 그대로다. 나는 지출의 근거만을 남기고 있다. 한마디로 내 가계부는 영수증철 그 이상도 이하도 아니다. 내가 더 잘 알고 있다. 나는 이런 식의 가계부를 팔 년째 적고 있다. 돈을 쓴 출처라도 적어야 내 마음이 놓이기 때문이다. 그런데 남편이 장난 삼아 던지는 말에 나는 신경이 예민해지기 시작한다. 뭔가를 계획하고 결론을 내리고 다시 어떤 식이든 준비를 하는 일은 예사롭지 않은 것이고, 나는 가계부를 통해 그런 치밀한 계획을 만들고 그 계획대로 지출하여 가정의 회계를 검토하며 더 알뜰하게 살아야 한다는 심각한 목표치에 도달하고 싶지 않다. 하고 많은 일 가운데 가계부를 통해서까지 복잡하게 계산하고 따지며 살고 싶지는 않다. 내 식으로 적고 내 식으로 영수증을 철해 두는데, 말리는 시누이처럼 끼어드는 남편이 슬쩍 미워지기도 한다. 숨겨둔 비밀의 일부를 들킨 기분이랄까.

내일이면 남편의 생일이다. 모레는 두 아들의 생일이다. 연이은 생일에 월급 봉투를 생각했는지, 남편은 자기의 생일에 미역국만 끓이라고 선수를 친다. 고맙기도 하다. 그럴 때 나는 되레 더 많은 품목의 찬거리를 준비하고 싶어진다. 미역은 지난여름에 시가에서 얻은 무공해 청정 미역이 남아 있고, 한 해 동안 가계부에 적지 못한 어떤 새로운 품목을 떠올려 본다. 아이들 생일에는 무엇으로 준비할까. 막상 준비할 때만 계획을 하고 사고 나면 영수증과 지출만 적어둘 팔 년 습관을 반복한다. 신접살림을 시작하여 나는 가계부를 적었고, 시작의 잘못인가, 지출만 적어온 버릇이 그 후로 팔 년 동안 약간의 진전도 없는 것이다. 가계부를 적으며 걱정되는 것은 가계가 아니라 내 생활의 기록과 계획이다. 책을 사고 무엇을 샀는지 생각이 나지 않아 콩나물 값으로 덧붙이는 식으로 내 가계부는 쓴 금액만 맞으면 내용은 약간 수정될 수도 있다. 그리고도 아무 탈없이 또 남은 가계부를 적어 나간다. 그러다가 내 인생은, 앞으로의 내 글은, 하는 데에 생각이 미치면 꼼짝없이 가계부 적는 방법부터 바꾸어야 한다 싶어 마음이 급해진다. 아무에게도 말하지 않았지만 결과를 가계부의 버릇처럼 간혹 진짜 해야 할 말이 빠져 있거나, 가장 중요한 주제가 없는 것은 아닐까, 걱정이 깊어지기도 한다.

가계부. 남편은 가계부를 적지 않는다. 그는 적는 일이 없으나 신통하게도 그날의 할 일과 앞으로의 해야 할 일들을 구분하고 계획하며 생활하는 듯하다. 차라리 그에게 가계부를 맡겨 버릴까. 안 된다. 그것은 더 어려운 일이다. 내가 가계부를 적는 일보다 편하기는 할 것이다. 그러나 적어도 가정 경제에 있어서는 내가 낫다는 진단이다. 집마다 대개 그렇게 살고 있지 않은가. 남편이 가계부를 적는 가정이 몇이나 될까. 있긴 있는 걸까.

그가 한번은 농담 삼아 "어험, 내가 가계부를 적을까?" 했다. 임금 기침을 앞세운 걸로 보아 그때 나는 그가 직장을 그만두고 싶다는 말로 받아들였다. 나도 남편처럼 사회생활을 하는데 왜 남편이 가계부를 적겠다고 했을 때 실직의 예감으로 느꼈을까. 그런 뜻은 당초 없었을 텐데, 모를 일이다.

여전히 우리 집의 가계부는 내 몫이다. 콩나물에 풋고추에 마늘에 대파에, 책 보고 어설피 만든 낙지볶음을 선보인 죄로 양념 버무리는 재료도 책에 나오는 대로 적고, 식탁에서 구워 먹은 소금구이 원료도 '한우'라고 구체적으로 적는다. 괜히 지나간 날짜를 쓰윽 훑고는 내일 날짜를 적어 놓고 연필을 한번 입에 문다. 그제야 살림

잘 살고 있다는 사소한 위안을 다지며 약간 더 두툼해진 책장을 덮는다.

마침 주방에서 물을 끓이시던 어머니께서 “장 보러 가야지.” 하신다. 서둘러 가계부를 옷장 속에 보관하고—중요한 물건은 옷장 속에 넣어두면 안심이 된다—다시 장 보러 간다. 장에 가면서 가계부에 대해서는 잊어버릴 것이다. 눈앞에 식구들이 좋아할 맛있는 반찬거리들이 널려 내 선택을 재촉할 것이므로.

우리 집 가계부는 여전히 반찬거리 사고 난 뒷전의 기록으로 남을 것이다. 내가 살림을 사는 한 나와 여정을 함께 할 가계부. 그날의 소중한 경험을 기록하는 일기 대신 돈으로 그날의 지출을 기록해 온 그동안의 가계부. 어쩌다 중요한 항목을 빠뜨리고 대수롭지 않은 항목에 덧붙여 총체적으로 눈가림해 버리는 가계부. 미안하다, 반성이 없는 내 인생.

진아에게

진아야, 벚꽃이 피었다.

환하게 제 속살을 드러내고도 부끄러움을 모르는 그 꽃을 보면서 나는 인간을 생각한다. 꽃은 자기를 송두리째 드러내니 저렇듯 아름다운데, 인간은 벗기면 벗길수록 추하기만 한 이유가 무엇일까. 부끄러움을 모른 채 살아가는 인간이 이 땅에 많이 있다는 사실이 나를 잠시 우울하게 한다. 그리고 어떤 굽힘도 없이 씩씩하게 살아가는 네가 그립구나. 보고 싶다. 그러나 시간과 공간의 제한 때문에 쉽게 갈 수가 없구나. 진아야 생각나니? 1984년 가을, 너는 뜻밖의 사건으로 구속되었지. '85년 4월! 금정산을 둘러싼 벚꽃 향기가 우리를 감싸던 때, 나는 효원 학우들 앞에서 너의 석방을 촉구하는 '양심선언문'을 낭독했다가 낭패를 당할 뻔한 사실을….

세월이 많이 흘렀다.

푸른 소나무처럼 살겠다는 각오는 어디로 가고 나는 한낱 지식을 파는 교사로 전락했을까. 마음으로는 그래도 최선을 다하는 내가 있다고 외쳐보지만 그것이야말로 내 가장 초라한 모습이 아닐까 생각해 본다.

바람이 불면 네 생각이 난다. 비가 오면 더욱더 그렇다. 바다를 보면 불쑥 네 생각이 난다. 산에 가면 너를 향한 그리움이 간절해진다. 그리하여 나는 언제나 너를 잊지 않고 있다는 고백을 하고 싶다.

진아야. 네가 우편으로 보내준 달력을 내 방에 걸어놓고 너의 따뜻하고 변하지 않는 마음을 느끼고 있다. 간결하면서도 진솔하게 삶을 형상화할 줄 아는 '이철수'의 능력도 그렇지만 그것을 사랑할 줄 아는 너의 심미안에 감탄할 따름이다.

지난겨울, 너를 만나고 돌아오면서 점점 여위어가는 네 모습에 마음 아팠다. 그럼에도 너에게 별다른 도움을 줄 수 없는 내 자신의 무력함만 절감할 뿐이었다. 10여 년 전에도 나는 지금과 마찬가지로 도움이 되지 못했는데, 하는 부채 의식이 남아있다.

진아야, 그때 그 시절로 돌아가 보면 가장 먼저 무슨 장면이 떠오르니?

나는 최루탄 연기와 눈물, 바다, 세 가지가 생각난다. 최루탄은 네 어여쁜 입술 위에 보기에도 흉한 상처를 남겼고, 눈물은 네 부모님의 가슴을 적시고 내려와 낙동강의 수위를 높였지. 그리고 바다… 바다에 대해서는 좀 더 낭만적으로 떠올려 보자. 대학 시절 내내 우리 두 사람을 이어주었던 끈이 해운대 바다였다는 생각이 드는데, 네 생각은 어떠니?

진아야, 생각나니?

1학년 여름방학 때에 아르바이트를 하는 나를 도우려고 네가 커피 장사를 시작했던 것 말이다. 백사장에 앉아 데이트에 몰두하고 있는 우리 또래의 사람들을 뚫고 "커피 한잔 하세요." 하는 말을 수없이 했지만, 한 잔도 팔리지 않아 결국 우리 둘이서 다 마시고 밤새워 바다에서 이야기했던 때 말이다. 그리고 모든 것이 잘못된 자본주의 탓이라며 조선비치 호텔 화장실에서 발을 씻고 나오면서 까르르 웃었던 것 말이다. 분명히 웃었지만 내 마음에는 비가 내리고 있었지.

미포, 아름다운 포구라는 이름의 해운대 한편의 구석진 바다. 그곳에는 어두운 빛깔의 바위가 있었지. 집행유예로 석방된 너는 늘 그 바위 위에 앉아 있었어. 아마 그곳에서 너는 어린 왕자보다 더 많은 노을을 보았을 걸로 생각되는구나. 검푸른 바다에 금세 빠져들 것처럼 몰입해 있어서 가끔 네가 두렵게 느껴지기도 했단다. 그러나 너는 바다에 빠지기보다는 수평선을 향해 힘차게 나아가고 있었던 게 아니었을까.

생활에 발목을 묻고 살아갈수록, 사람을 미워하는 마음이 비 내린 뒤 풀처럼 무성해질 때 나는 너를 그리워한다. 더불어 네가 신념을 지니고 하는 일에 지치지 않았으면 한다. 이기적이게도 나는 네게 어렵고 힘든 길을 가도록 부추기고 있는 것 같다는 느낌이다. 그러나, 그러나 너라도 이 대지를 올바르게 디디며 살아가는 유일한 사람이 되라고 바라고 싶은 것은 나의 염치없는 소망이다. 진아야. 그러면 안녕….

휘파람새

처서가 지났는데도 더위가 기승을 부리고 있다. 일기 예보에 이번 주에는 비가 내린다고 했지만 비는 좀처럼 내리지 않는다.

병원 입구에는 어디 한 곳 주차할 만한 데가 없었다. 차량이 많은 탓도 있지만 무엇보다 질서를 지키지 않는 사람들 때문에 짜증이 났다. 시간이 늦었기 때문일까, 입구는 벌써 불이 꺼져 있었다. 병원은 언제 와도 유쾌한 곳이 아니다.

먼저 정형외과 입원실에 들렀다. 오랫동안 봉사활동을 하며 살아온 그녀는 류마티스 관절염에 걸려 양쪽 팔꿈치의 뼈를 긁어내는 수술을 했다. 수술한 지 일주일이 지났다는 그녀의 병실을 지키는 사람은 한 사람도 없었다. 사흘 동안 물 한 모금 먹지 못했다는 그녀의 병실 생활을 전해 듣는 순간, 나는 가슴이 아파왔다. 그녀의 손을 잡으면서 원망을 했지만 그녀는 오히려 나를 걱정하였다.

"나는 오랫동안 훈련을 해왔어. 아무에게도 폐를 끼치지 않는 방법에 대해."

부드럽게 자신의 입장을 이야기하는 그녀에게서 나는 마음이 훈훈해짐을 느꼈다. 붕대에 감긴 채 항생제 치료를 받는 희생과 봉사의 증거, 그녀의 발꿈치에 경건한 입맞춤을 하고 싶었다. 황해도가 고향인 사람, 그녀에게도 가족은 있다. 아들과 며느리가 있다. 그러나 서울에서 직장생활을 하고 있는 그들에게 번거로움을 줄 수 없다고 생각한 그녀는 혼자 살아가기를 고집하고 있다. 자신의 손을 필요로 하는 사람에게는 말없이 도움을 주는 사람이면서 남에게 자신의 그림자조차 보이지 않으려는 노력을 하는 그녀를 보면서, 나는 테레사 수녀를 생각했다. 일생을 가난과 기아에 허덕이는 사람들을 위해 살다 가신 테레사 수녀와 그녀가 무엇이 다르랴.

그녀는 팔다리의 뼈마디를 긁어내는 수술을 여러 번 받았으나 늘 혼자서 감당했다. 극도로 절제된 생활을 통해 자신이 가진 것을 나누어 준 그녀는 그렇게 회복을 기다리고 있었다. 그녀는 불편한 몸을 이끌고, 최근에 암 선고를 받고 재입원한 시인의 병실로 나를 안내했다. 병실 앞에서 나는 오랫동안 그녀가 눈치채지 못하도록 심호흡을 가다듬었다. 깊은 숨을 몰아쉬고 손잡이를 당기는 순간 나는 눈을 감고 싶었다. 마침 간호사가 진통제를 놓고 있었고 그의 코에서는 알 수 없는 액체가 유리병으로 흘러 내려가고 있었다. 그의 큰 눈은 더이상 뜰 기운이 없어 반쯤 감겨 있었다. 반가운 사람들이 왔다는 사실을 느낄 수 있을 텐데, 일어날 수 없으니 그는 얼마나 안타까울까.

그를 들여다보는 한동안 나는 자신을 향한 연민에 빠져들었다. 벌써 복수를 다섯 번이나 빼냈다는 소리를 들으면서 그제야 그의 부인에게 고개를 돌릴 수 있었다. 그녀는 무엇을 정리하고 싶었던 것일까. 금세 머리를 감았는지 긴 파마머리를 빗고 있었다. 나무로 된 빗으로 너무도 정성스럽게 자신의 머리를 빗고 있어 모르는 사람이 보면 아주 여유 있는 사람이라고 오해할 것 같았다. 머리를 다 빗었는지 하얀 고무줄로 마무리를 했다. 많이 울어서 그런 걸까, 그녀의 목소리는 이미 쉴 대로 쉬어 소리를 내고 있다는 사실이 고통스럽게 느껴졌다. 그녀도 누구보다 고운 목소리를 가졌던 사람이었을 텐데, 내가 무엇으로 그녀를 위로할 수 있을까. 그는 너무 많은 일을 하느라 자신의 생명을 소진한지도 모른다. 다른 사람들이 평생을 두고도 못할 일들을 한꺼번에 해내느라 무리했다는 생각을 떨쳐버릴 수 없었다. 음악을 하고 방송 일을 하는 것만 하더라도 벅찼을 텐데, 시를 쓰고 연극을 하고 문화예술계의 지인들과도 두루 교분을 가졌으니, 시간이 늘 그의 걸음을 뒤따르고 있었을 터다. 위암 수술을 했던 3년 전에 이미 죽음을 경험한 그는 오히려 더 많은 일들에 자신을 불태우고 싶었던 것일까.

열정이 그를 살아있게 하더니 그 열정의 지나침이 그를 이 땅에서 걷어 가려고 하고 있다. 그의 몸은 삭정이처럼 말라 있고 숱이 적은 머리칼은 자랄 대로 자라 헝클어져 있다. 그는 이제 지상에서 멀어지려고 하는데, 그의 의식은 사실을 인정하고 싶지 않나 보다. 그는 의사에게 살 수 있느냐고 물었다고 한다. 이미 음식을 받아들이지 않는 그의 위는 무력하고 쓸개즙이 호스를 통해 바깥으로 배출되고 있는데. 영양제로 버티고 있으면서도 희망을 버리지 않는 그의 끈질김은 어디에서 오는 것일까. 부질없는 희망이지만 죽음을 눈앞에 둔 그에게 그것은 삶에 대한 사랑이 아닐까.

병원에서 내려오는데 부슬부슬 비가 내렸다. 팔에 깁스를 하고 있는 그녀가 한사코 배웅을 핑계로 따라나섰다. 나는 휠체어에 그녀를 태웠다. 처음으로 내 작은 손으로 그녀를 보살펴 주고 싶었다. 그녀는 말한다. "그래도 나는 얼마나 다행스러워, 상처만 아물면 나아서 이렇게 나갈 수 있으니. 하지만 시인은…."

말을 잇지 못하는 그녀와, 나는 잠시 서로를 마주보았다. 그녀의 등 뒤 캄캄한 하늘이 갑자기 빛을 발하는 것처럼 보였다. 어둠 속에서 피를 토하는 울음소리가 들려왔다. 휘파람새. 나는 왜 그를 생각하면 휘파람새 생각이 날까. 생을 노래하며 열심히 시를 쓰던 그가 아니면 누가 이 황폐한 세상에 와서 휘파람을 불어 줄까. 그가 아니면 누가 사랑하는 사람들의 마음을 따뜻하게 감싸줄 휘파람을 불어 줄 수 있단 말인가. 어둠 속에서 그녀와 나는 말없이 눈물을 흘렸던 것 같다. 살아있는 그녀와 내가, 죽어가는 그에게 무슨 위로의 말을 할 수 있을까. 그녀는 오랫동안 나를 바라보고 있었다. 어둠 속이지만 그녀의 따뜻하고도 쓸쓸한 눈빛을 느낄 수 있었다.

병원에서 집으로 돌아오는 길. 죽음에서 생으로 돌아온 것 같은 먼 길이었지만 비로소 살아있는 기쁨에 아파트의 현관문 열쇠를 힘 있게 꽂았다. 찰칵, 문이 열린다.

건너편의 여자

그녀가 햇살 아래 서 있다. 8월의 뜨거운 햇살 때문에 제대로 눈을 뜨지 못하는지 반쯤 감은 눈으로 카메라를 향해 표정 없이 서 있다. 그녀의 얼굴 사진을 찍고 있는 사람은 그녀의 여덟 살짜리 아들인 듯하다. 렌즈의 초점이나 맞는 것일까. 아이는 그녀의 얼굴을 향해 여러 번 찰칵찰칵 셔터를 누르고 있다. 잔인하게도 햇살 아래 드러난 그녀의 얼굴은 퍼렇게 멍이 들어 있다. 그녀의 아들은 알지 못한다. 엄마가 자신의 멍든 얼굴을 사진 찍으라는 이유를. 그녀는 노출이 심한 옷을 입었다. 화려하고 고운 분홍빛 스커트에 검정색 소매 없는 셔츠는 그녀의 몸을 정직하게 보여 준다. 그녀의 무표정한 얼굴과는 달리 그녀의 온몸은 햇살 아래 파도처럼 부딪힌 흔적이 역력하다. 그녀의 몸에 앉은 세월의 흔적, 그녀가 겪어 낸 사랑의 파편들이 뙤약볕 아래 마치 조각난 백자처럼 부서져 있다.

2년 전 그녀가 이곳으로 처음 와서 비디오 가게를 열었을 때 아무도 그녀를 가게 아줌마로 부르지 않았다. 그만큼 그녀에게는 상업적인 냄새가 나지 않았기 때문이다. 큰 텔레비전 화면에 영화를 틀어 놓고 졸던 지금까지의 주인들과는 달리 그녀는 책을 읽었다. 시집을 유난히 많이 읽던 그녀는 새벽 4시가 되면 조용히 셔터를 내리고 집으로 가는 것이다. 그녀의 집은 멀지 않은 듯했다. 가끔 아이들이 놀러 나와 있는 장면을 보면 알 수 있다. 검은 눈썹 아래 눈동자는 더욱 검어 보였다. 길게 늘어뜨린 머리카락이 흐트러지면 왼손으로 걷어 올리면서 책을 읽는 그녀의 목소리는 가을날에 듣는 첼로의 소리처럼 우울함이 느껴진다. 손님들이 원하면 직접 영화를 고르는 서비스도 해준다. 가끔 배달 나간 아르바이트생이 돌아올 때까지 그녀는 영화를 보기도 한다. 영화에 깊게 빠져든 건 그녀의 새로운 습관이다.

최근에 그녀가 본 영화는 사랑하던 남녀가 결혼 생활에서 오는 권태를 극복하지 못해 자신들이 살던 움막집에 불을 내고 떠나는 여자의 이야기다. 권태의 끝은 훨훨 타버리는 집 같은 것일까. 베티의 집이 폭삭 무너지는데 그녀의 가슴은 타고 있는 듯 뜨거웠다. 〈베티블루〉 그녀가 처녀 시절 본 적이 있는 영화다. 강렬한 것을 지향하던 20대에 그 영화의 마지막 장면은 그녀를 사로잡았다. 그런데 30대인 지금 자신의 집을 불태우고 싶은 마음 때문에 그녀는 불에 덴 듯 머리가 뜨겁다.

며칠 전, 그녀는 남편의 차에서 여자의 머리카락과 머리핀을 발견했다. 머리핀을 주워서 휴지에 싸는 순간, 그녀의 등줄기를 타고 내려오는 불안한 예감. 남편은 쉽게 인정하지 않는다. 단지 그녀가 예민해져 있을 뿐이라고 말한다. 엎드린 채 성경을 읽고 있는 남편의 등을 힘껏 두드리지만 성경에 눈을 박고 있을 뿐이다. 대화를 거부당한 그녀는 성경책을 찢는다.

"너 같은 인간은 성경을 읽을 자격이 없어."

흥분한 그녀가 성경책을 찢자 남편은 그녀를 정신없이 때리기 시작한다. 그녀의 두 아들이 운다. 그녀는 자신의 몸에 쏟아지는 남편의 주먹과 발길질을 고스란히 맞으면서 아이의 울음소리를 듣는다. 낯설지 않은 울음소리.

어린 시절, 그녀는 동생을 안고 울었다. 방문을 굳게 잠근 채 동생의 양쪽 귀를 막았다. 바깥에서 들려오는 폭력—아버지가 엄마를 때리는 소리와 엄마의 울부짖음—에서 동생을 지키고 싶은 간절한 마음이 그녀의 손에 더욱 힘을 주게 한다. “누나, 언제 끝나?” 동생이 묻는다. “걱정하지 마, 곧 끝나.” “누나, 엄마 괜찮아?” “응….” 그녀의 대답은 확신이 없다. 엄마는 무사할까. 싸움이 끝나고 바깥이 조용해지면 그녀는 엄마를 찾는다. 그 예쁜 얼굴이 퉁퉁 부어있다. 머리카락이 방안에 그득하다. 그녀는 이를 악문다. 울지 않으려 입술에 피가 맺히도록 깨물고 흩어져 있는 머리카락을 줍는다. 엄마의 머리핀이 깨져 방바닥에 구른다. 엄마의 몸처럼. 얼마나 아팠을까! 며칠 동안 동생은 아프다.

남편을 향한 그녀의 분노 어린 절규. 몸에 열이 나고 목소리는 쉬어 있다. 왠지 목소리가 우습다고 놀리면서도 그녀는 눈물이 난다. 9년을 함께 산 남자와 헤어지기로 했다.

“이혼에 동의하십니까?”

“예.”

그녀는 울지 않았다. 햇빛은 따가웠지만 그녀는 눈살 하나 찌푸리지 않고 편안하게 그와 헤어졌다. 그녀의 엄마는 아버지의 바람기 때문에 평생을 고생했기에 그녀는 엄마와는 다르게 살고 싶었다. 그녀가 눈감아준다면 남편은 자신의 둥지로 돌아올지도 모른다. 그러나 그녀는 남편이 쉽게 용서되지 않을 것 같다. 망각의 강을 건너는 것도 어려울 것 같다. 남편은 열정에 빠진 듯 옷가방만 들고 사랑하는 머리핀의 주인에게 간다.

비디오가게 저 건너편에 남편의 새로운 여자가 있다. 여자를 닮은 외제 승용차가 거만스럽게 반짝인다. 검은 선글라스를 낀 여자는 큐빅이 많이 박힌 머리핀을 꼽고 있다. 남편이 차 트렁크를 열고 가방을 싣는다. 트렁크를 닫고 앞자리에 능숙한 동작으로 몸을 싣는 순간, 반짝이는 외제차가 스르르 날아간다. 그녀를 떠나 건너편의 여자에게 가는 남편은 날개를 달았을까? 아이들은 그녀의 등 뒤에서 떠나는 아빠를 보고 있다. 돌아보지 않는 남편의 뒷머리만 보인다.

휴지에 싸둔 머리핀을 던진 순간, 그녀는 건너편의 여자를 잊을 것 같다.

이제 잊어야겠지.

끈 떨어지다

하늘을 날던 가오리연의 꼬리가 끊어졌다. 실이 끊어지고, 가오리 머리가 곤두박질한다. 꼬리는 실을 달고 하늘 높이 날아간다. 바람에 실려 멀리멀리 날아가다가 뚝, 끈이 떨어진다. 오래 꿈꾸었던 그리움이 사라진다. 그녀가 원하던 사랑을 주지 않고 새털처럼 가볍게 날아가는 엄마. 그녀는 엄마를 붙잡을 수 없다. 그녀의 외침이 들리지 않는지 엄마는 연기처럼 풀어져 없어진다.

상담 모임에서 일주일에 한 번 그녀를 만난다. 얼굴이 둥글고 편안한 인상의 그녀, 늘 말이 없다가 어쩌다 입을 열면 무거운 말들이 흘러나온다. 그녀의 말은 깊이가 있다. 칡덩굴처럼 질기고 깊어 멀리까지 퍼지는 느낌이 난다. 삼남매의 맏이로 태어나 부모님의 사랑을 양보해야 했던 그녀, 엄마의 체온이 그리웠지만 엄마는 동생들을 돌보느라 바빴다. 엄마의 사랑에 목말라 했지만 엄마는 모르는 척, 그녀를 밀쳐 두었다. 아버지도 다름없었다. 시골 초등학교 교사였던 아버지는 자주 전근을 다녀서 그녀에게 따뜻한 말 한마디 건넨 적이 없다. 아버지에게 인정받고 싶어 안간힘을 썼지만 그녀의 마음을 헤아리려고 하지 않았다. 문밖에 서 있는 그녀의, 외로움이 가득한 모습. 그녀는 동생들과는 다르게 늘 문밖에 서서 오슬오슬 떨고 있다는 생각을 버릴 수 없었다. 의지하고 싶을 때, 기대고 싶을 때 기댈 곳이 없었던 그녀. 한 번도 엄마의 마음속으로 걸어가지 못했는데, 재작년에 엄마가 돌아가셨다. 자궁암이었다. 준비 없는 이별을 맞고 그녀는 엄마가 왜 그리 빨리 끊을 놓고 갔을까 안타까워했다.

그녀를 만나고 돌아오는 날에는 오랫동안 그녀를 생각한다. 세상에서 가장 소중한 사람에게 인정받지 못하는 깊은 슬픔이 느껴지기 때문이다. 지난 여름방학 때 KBS에서 본 입양아 이야기는 내가 상담에서 만난 그녀와 겉으로 드러난 환경은 달랐지만 뿌리 깊은 외로움이 닮아 있었다.

아이가 땅을 파고 있다. 밤마다 침대에서 내려와 몰래 정원으로 나온다. 말이 통하지 않는 낯선 이국에서 혼자 땅을 파면서 말을 한다. 아이는 이방인들에게 둘러싸여 '제인'이라 불린다. 그러나 아이는 자신의 이름을 미숙이로 기억하고 있다. "미숙아, 이리 와." 땅은 마치 오래된 친구처럼 말을 한다. 땅은 미숙의 유일한 친구다. 땅을 파면 할머니가 계시는 고향으로 갈 수 있을 거라고 믿으며 포기하지 않고 땅을 판다. 손톱이 닳도록 땅을 파고 속을 들여다보고 있노라면 미숙의 마음에 평화가 찾아온다. 할머니와 함께 살았던 고향땅, 이름도 모르는 그 땅에서 살았던 날들이 뭉게구름처럼 떠오른다. 미숙은 어린 시절을 완전하게 기억하지는 못한다. 가르마를 곱게 탄 할머니의 쪽머리와 계단이 생각난다. 할머니의 손을 잡고 계단을 오르던 제 모습이 떠오른다. 하나, 둘, 셋… 소리 내며 깡충깡충 뛰어오르던, 계단이 많은 집에서 살았다. 할머니는 놀고 있는 미숙에게 사탕을 주셨다. "미숙아, 내하고 갈 데가 있다. 어서 옷 입어라." 봄날. 계단에 앉아서 꽃향기를 맡고 미숙이는 레이스가 나풀거리는 원피스를 입고 할머니의 손에 그렇게 이끌려 따라나섰다. 수백 명의 아이들이 두 사람의 방문을 지켜보고 있었다. 할머니가 어른들과 이야기하는 동안 넓은 마당에서 할머니를 기다렸다. 미숙을 둘러싼 아이들의 눈동자에는 측은함이 담겼다. 어느새 친해진 아이들과 소꿉놀이에 열중하고 있을 때 할머니가 나오셨다. "미숙아, 할미가 찾으러 올 때까지 기다려라." 그것이 할머니와의 마지막이었다. 하루, 이틀, 사흘… 미숙은 할머니를 기다리느라 눈이 빠질 것처럼 아팠다. 끝내 할머니는 나타나지 않았다. 미숙은 비행기를 타게 되었다. 하늘 위를 날 수 있다는 기쁨보다 할머니와 멀어지고 있다는 불안감이 폭풍우처럼 덮쳤다. 사십 년이 흘렀다. 미숙은 그리던 고향으로 돌아왔다. 폭풍우에 실려 떠났던 어린 시절과는 달리 작은 희망을 안고서. 직장암이라는 병으로 곧 죽음을 맞게 되는 것도 두렵지 않았다. 죽기 전에 한 번이라도 자신을 버린 엄마와 할머니를 만날 수 있다면야.

어렵게 자신의 이야기를 털어놓으며 할머니와 엄마를 찾는 미숙은 울고 있었다. 진행자도 목이 메여 더이상 말을 잇지 못했다. 사십 년 전 할머니가 놓아 버린 끈, 그 세월 속에서도 삭지 않고 남아있는 미숙이라는 중년 여성의 흐느낌에 내 눈시울이 뜨거워졌다.

나비의 몸짓

노랑나비가 날갯짓을 한다. 운동장 둘레에 피어 있는 코스모스로 날아간다. 분홍빛 꽃잎에 앉아 날개를 젓는다. 작은 몸짓이 참 곱다. 가까이 다가가서 보고 있었지만 나비는 사람의 눈빛에는 관심도 없는 듯 정성껏 꽃 위에서 몸을 부대끼고 있다. 나비의 몸짓, 그 작은 움직임을 보는 순간, 대학 시절에 배움을 주신 한 교수님이 떠올랐다.

교육철학 시간에 공부를 게을리하는 학생들에게 호통을 치시던 모습과, 미리내 계곡을 홀로 거닐며 솔방울을 줍고 사색하던 철학자의 뒷모습. 오랜만에 대학교로 갈 마음의 여유를 찾았다. 아침부터 교수님을 만날 생각에 마음이 들떴다. 옷매무새에도 신경을 썼다. 대학 정문 앞에서 국화 화분을 샀다. 가을 향기가 코끝에 묻어났다. 나는 조심스럽게 연구실 문 앞에 서면서 몇 번이나 거울을 보기도 했다. 똑, 똑. "예." 교수님의 목소리에는 변함이 없었다. 그러나 연구실 문을 여는 순간 나는 놀라움으로 눈이 동그래졌다. 몇 년 만에 놀랍도록 노쇠하신 모습이었다. 겨울 숲을 보는 것 같았다.

"오랜만이네요. 앉아요." 교수님은 제자에게도 쉽게 말을 놓지 않는다. "교수님, 뵙고 싶었습니다." 인사를 했지만 여위신 모습 때문에 눈물이 쏟아질 듯했다. 내 마음을 알아 채셨는지, 걱정하는 일은 없다고 하신다. 몇 년 동안 몸을 돌볼 여가 없이 연구를 하였기 때문이라고 설명해 주셨다. 자연과 환경을 지켜야 한다는 교수님의 철학을 들으면서 내 자신이 부끄러웠다. 버리고 살자, 새것을 경계하자. 자연과 환경에 대한 성급한 접근보다는 신중한 체계를 세우자는 말씀을 하셨다.

방안을 둘러보았다. 작은 책상 두 개와 컴퓨터와 책꽂이 하나, 약간의 책, 의자 두 개가 전부였다. 깨끗하고 아름다웠다. 선생님의 등 뒤로 노을이 퍼지고 있었다. 노을 같은 선생님, 아름다운 선생님, 자연 그대로의 사람으로 녹아서 살아가시는 선생님과 헤어져 울산으로 돌아왔다.

나비 효과. 나비의 파장이라고도 하는 검증되지 않는 물리학 이론을 떠올린다. 울산이라는 작은 도시, 동구 방어진에서 나비가 날갯짓을 한다면 그 파장이 미국의 뉴욕까지 전해진다. 작은 나비의 몸짓이 그토록 먼 곳까지 전해질 수 있다는 가설이 머리를 두드린다. 요란하지 않아도 소리치지 않아도 가슴을 치는 감동이 올 수 있다는 것이 큰 울림으로 다가온다. 선생님을 만나고 돌아온 날부터 마음속에서 자주 나비가 퍼덕이며 날개를 젓는다.

스코트 니어링을 만나러 떠난다. 미국의 산업주의 체제와 그 문화의 야만성에 줄기차게 도전하다 대학 강단에서 쫓겨난 그는 뉴욕 생활을 청산하고 버몬드 숲에 터를 잡고 농장을 일군다. 53년 동안 땅에 뿌리를 박고 산 그는 100세 생일을 지나고 3주일 만에 세상을 떠난다. 그는 오랫동안 최선의 삶을 살았고, 일부러 음식을 끊음으로써 위엄을 잃지 않은 채 삶을 마친다.

어린 시절부터 스코트는 자기보다 가난한 사람들에게 관심과 동정을 보였다. 상류층의 아들로 태어난 그는 많이 가지면 가질수록 자기보다 못한 사람들에게서 점점 더 많은 빚을 지는 느낌을 받았다. 부자의 천국은 가난한 사람들의 지옥을 딛고 있다고 믿었기에 가난한 사람들을 돕기 위해 혼자만의 몸짓을 시작한다. 자신의 철학과 이상을 실천하기 위해 자신만의 규범을 만들어간다. 간소하고 질서 있는 생활을 할 것, 미리 계획을 세울 것, 일관성을 유지할 것, 꼭 필요하지 않은 일은 멀리할 것, 되도록 마음이 흐트러지지 않도록 할 것, 그날그날 자연과 사람 사이의 가치 있는 만남을 이어가고 노동으로 생계를 세울 것, 자료를 모으고 체계를 세울 것, 연구에 온 힘을 쏟고 방향성을 지킬 것, 쓰고 강연하며 가르칠 것, 원초적이고 우주적인 힘에 대한 이해를 넓힐 것, 계속해서 배우고 익혀 점차 통일되고 원만하며 균형 잡힌 인격체를 완성할 것. ≪월든≫의 데이빗 소로와 마찬가지로 그 또한 무력하게 사회의 저속함으로 휩쓸려 들어가지 않으려는 노력을 끊임없이 해왔다. 그의 흔들림 없는 선함, 지식, 지혜, 친절함과 사려 깊음은 충만한 삶이란 무엇인가 생각하게 해준다.

한쪽 문이 닫히면 다른 문이 열리고… 다른 곳에서 다른 사람을 만날 수 있다. 스코트는 세상을 떠났지만 그의 정신을 이어가려는 선생님이 이 땅에, 그것도 가까운 부산에 계신다. 결코 요란한 소리를 내지 않으시지만 뜻과 정신은 무엇에도 비하기 어려운 선생님의 향기가 내 마음으로 날아온다. 선생님의 노력과 연구가 이 땅에 뿌리내리면, 나비들의 찬란한 날갯짓을 볼 수 있을 것이다.

나 또한 한 마리 나비가 되어 학교 운동장 위를 날고 있다. 큰 나비 옆으로 작은 나비들이 날갯짓을 한다. 운동장에는 나비들의 축제가 열린다. 이름 모를 풀들이 아우성을 친다. 꽃 위의 나비는 몹시 떨고 있다.

엄마 없는 아이들

시댁으로 가는 길에 작은 기차역이 있다. 한 번도 이용한 적은 없지만 언젠가 가봐야겠다는 마음만 가득하다. 역사 주변에는 코스모스가 제 몸을 흔들어 나를 부르는 듯하지만 아무도 찾지 않는다는 생각에, 거길 가보고 싶은 마음이 간절해진다. 지금은 공사 중인 길을 지나면서 운전 중임을 잊고 잠시 역 쪽으로 시선을 보낸다. 내 눈길에 닿은 하얀 꽃들이 있는 곳은, 흩어진 듯 모인

듯 군락을 이룬, 작은 메밀꽃 마을이다. 조그마한 역에서 손님을 맞이하듯 흔들리는 작은 꽃송이들이 인상적이다. 누구를 기다리는 것일까.

오랫동안 엄마를 기다리던 친구가 있습니다. 어느 날 집을 나가 버린 엄마를 기다리며 유년 시절을 보낸 친구입니다. 언제 돌아올지 알 수 없는 엄마를 기다리며 버스 시간마다 정류장에서 서성이며, 하루에 두 번 오는 기차에서 엄마가 내리기만을 친구는 목이 빠지게 기다렸습니다. 먼지만 일으키고 떠나는 버스를 보내고, 흔적도 없이 떠나는 기차를 바라보는 일이 친구의 기다리는 시간이었습니다. 빈집에 들어가기 싫어서 해가 저물 때까지 대문 앞 울타리에 기대고 있었지요. 울타리를 따라 피어 있던 애꽃은 맨드라미만 뭉개고 있던 그 불안한 눈동자에 눈물이 고일수록 꽃잎은 잘게 흩어졌지요. 친구가 꽃을 싫어하게 된 것은 아무래도 그때를 기억하고 싶지 않아서였을까요.

대학을 졸업하고 친구와 밀양에서 운문사까지 걸어서 여행을 했었지요. 흔한 가을 쑥부쟁이만 보아도 환성을 지르던 나와는 달리 꽃들에게 무심하던 친구의 표정에서 엄마를 기억하고 싶지 않은 아픔이 묻어났습니다. 오랫동안 고향집을 떠나지 못하고 있던 친구가 집을 팔고 직장이 있는 도시로 옮긴 것은 최근의 일입니다. 빈집에 먼지만 쌓이고 있었지만 방학 때마다 고향집을 찾아가 시간을 보내고 오던 친구가, 기다리던 그 마음을 접었을까요. 친구가 거처하지 않던 집에는 돌보아주지 않아도 맨드라미 홀로 피고 지고 있었습니다. 친구는 더이상 맨드라미 꽃씨가 흩어지는 모습을 보지 않을 것 같습니다.

엄마를 기다리는 아이, 강원도 태백에 사는 은미를 떠올립니다. 엄마에게 버림받은 내 친구의 고달픔을 고스란히 간직한 은미. 은미는 여덟 살짜리 엄마입니다. 전교생이 열 명인 조그만 분교에 다니고 있습니다. 엄마가 동생을 낳자마자 버리고 도망을 갔기 때문에 고모 집에서 은미가 동생을 돌봅니다. 은미는 아침에 일어나 학교 가기 전에 동생을 안고 우유를 먹입니다. 트림까지 시킵니다. 학교에 가서도 점심을 먹기 전에는 선생님의 허락을 받고 고모 집으로 전화를 합니다. "고모, 우리 성훈이 우유 먹였어요? 잠은 잘 잤어요? 트림은 했어요?" 고모와 통화를 끊고서야 친구들과 즐겁게 밥을 먹습니다. 미술시간에도 은미가 그리는 그림은 성훈이가 성장한 모습입니다. 도화지 한가운데 성훈이는 달리고 있습니다. 은미의 마음속에서 동생은 건강하게 달리고 있는 것입니다. 은미의 소원은 성훈이가 걷는 것입니다. 태어난 지 20개월이나 된 어린 동생 성훈이는 서지도 못합니다. 동생을 가졌을 때 엄마가 술을 많이 마셔서 뇌가 자라지 않는답니다. 아기처럼 누워서 우유를 받아먹는 어린 동생을 안고 은미는 말합니다. "우리 성훈이 빨리 자라서 누나랑 학교 다니자." 성훈이의 병을 고쳐주는 의사선생님을 찾아 구급차를 타고 병원에 갔다 온 은미는 슬픔에 잠깁니다. 의사

선생님은 성훈이가 더 자라지 못하고 걷기도 어려우며 오래 살아 있지 못할 것이라고 합니다. 은미에게는 태어나서 1년을 살다 죽은 또 다른 동생이 있었습니다. 은미는 야쿠르트 두 병을 들고 죽은 동생의 돌무덤에 가서 구멍마다 조금씩 뿌립니다. 그리고 말을 합니다. "우리 성훈이 데려가지 마. 부탁이야." 산을 내려오면서 은미는 도망간 엄마를 생각합니다. 아빠가 돌아가시자 엄마는 매일 술을 마셨습니다. 밥을 주지 않고 밥을 먹지도 않고 소주를 마셨습니다. 집은 허물어져 가고 찬장에는 먹을 것이 없었습니다. 어느 날 엄마는 배가 아프다고 소리 지르며 넘어졌고, 이웃 아줌마가 119에 연락을 했습니다. 엄마는 119구급차에 실려 가다가 차 안에서 성훈이를 낳았답니다. 병원에 도착해서 치료를 받던 엄마는 성훈이만 병원에 남겨 놓고 떠났습니다. 병원으로 간 엄마를 기다리며 빈집에 혼자 남아 있던 여섯 살 난 은미. 은미는 자신을 찾아온 고모의 품에 안겨 있는 동생과 자신이 엄마에게 버림받았다는 사실을 알게 되었습니다. 어미는 떠나고 어린 새들만 남은 것입니다. 중풍을 앓아 입이 살짝 돌아간 고모와, 착한 고모부가 은미 오누이의 보호자가 된 것입니다. 어린 은미는 간호사가 되어서 고모의 돌아간 입을 바르게 해주고 싶었습니다. 은미의 마음에 새로운 꿈이 자리합니다. 하나는 성훈이가 걷는 것이고, 하나는 자신이 빨리 자라서 경찰관이 되는 것입니다. 은미는 경찰관이 되면 엄마를 붙잡고 싶습니다. 자신을 버리고 간 엄마를 잡는 것이 은미의 꿈이었습니다. 동네 입구에서 은미는 친구들과 고무줄놀이를 합니다. 은미는 성훈이를 업고 뜁니다. 미끄러져 내리는 동생의 엉덩이를 치받아 올리면서 은미는 웃고 있습니다. 티 없이 맑은 얼굴입니다. 그러나 누구일까요? 그 호수 같은 마음에 원망을 심은 사람은….

지난여름, 친구는 뱃속에 있던 주먹만 한 혹을 제거하는 큰 수술을 하였습니다. 삶의 고단함이 말없이 쌓여 혹을 만들었던 것인지. 수술대 위에 누워서 삶과 죽음의 경계를 깨닫자 엄마의 얼굴이 떠올랐습니다. 잊어버리려고 고개를 흔들며 보냈던 시간 속에서 결코 잊을 수 없었던 그 얼굴이 떠오르는 순간, 친구는 엄마를 용서했습니다. 엄마를 용서한다는 일이 그토록 오랜 세월을 돌아왔다는 것이 가슴 아프게 다가옵니다. 저를 버리고 도망간 엄마를 용서하는 친구가 이제야 자신의 삶을 온전히 껴안는구나, 하는 생각이 듭니다.

뚜, 뚜, 뚜…. 친구는 전화를 받지 않습니다. 수술 이후 회복이 덜 된 몸으로 친구는 여행을 떠났습니다.

유난히 청량한 가을 햇살과 상쾌한 가을바람이 가을 들판을 일구고 있다. 바다가 보이는 울산의 아파트 앞마당에서 자꾸 은미가 고무줄놀이를 하고 있는 듯 보인다. 오랜 내 친구가 울산의 작은 역에 내려 나에게로 달려오면 얼마나 좋을까? 메밀꽃 마을아, 내 친구를 기다리며 오래오래 피어 손 흔들어 줄래, 내 마음처럼.

방아깨비로부터

1.

미루던 경주행을 감행했다. 경주는 내게 특별한 도시다. 내 어린 시절과 고향의 연못 그리고 잊을 수 없는 사람들 때문이다. 유년의 추억을 끄집어내라면 하나하나씩 아버지의 기억으로부터 시작하여 아버지의 기억으로 끝이 날 테지만, 얼마 전

생전 아버지의 맞수이셨던 정 의원이 돌아가신 뒤까지 되밟아보지 못한 아쉬움이 늘 남아 있었다. 사실은 내가 경주를 방문하지 못한 이유가 어쩌면 내 생애에 4년만 함께한 아버지를 향한 그리움이 걷잡을 수 없는 어릴 적, 그 몸살이 시작될지도 모른다는 두려움은 아니었을까. 웬일인지 지척에 경주를 두고도 번번이 방문을 미뤄 왔지만 주말이면 가끔씩 시댁 식구들과 불고기를 즐기러 가면서도 돌아올 땐 입안에 모래처럼 씹히는 경주에 관한 어린 추억들로 채워져 왔다.

아, 경주. 경주에서도 산촌인 내 고향 충효동. 어머니의 밭농사와, 식구들의 꿈이던 목장과, 아버지의 연못이 흥건히 고인 안태 고향. 이번에도 고향엔 못 가고 곁을 지나쳐 남산 입구의 숲속에서 가족과 함께 여우비가 스쳐 지나간 솔숲에서 도시락을 먹고, 놀다가, 돌아오고 말았다. 친정어머니와 나는 쌀쌀한 날씨 탓에 약간의 한기를 느끼며 가져간 깔판-자동차 비닐 커버-으로 몸을 덮고 가벼운 낮잠을 즐겼다. 남편과 두 아이는 내 어릴 적 뛰놀던 개구쟁이가 되어 수풀 속에서 방아깨비를 뒤지고 다녔다. 큰 거 잡았다. 큰 거 잡았다며 가늘고 긴 방아깨비의 다리를 쥔 둘째의 손끝에서 방아깨비가 방아를 찧는다. 첫째는 다람쥐를 봤다고 낚시꾼 같은 거짓말을 보태 휙휙 나무 사이를 날아다니더라고 가쁜 숨을 몰아쉰다. 아이들의 손아귀에는 세 마리의 방아깨비가 한 놈은 다리를 끊고 두 놈은 서로 싸움을 하여-싸움이라곤 서로 마주 끌어안고 있을 정도지만–지쳐 축 늘어져 있었다. 아이들이 쥐고 있어서 그런 걸까, 방아깨비가 불쌍해 보이지는 않았다. 저 방아깨비들을 숲 속에 다시 놓아주면 뒷다리쯤은 다시 나겠지. 다리가 떨어져나가도 좀체 아파 뵈지 않는 표정이 뒷다리 하나는 다시 만들어낼 거라고 생각되어서일까. 미물이라 치부해버려 그쯤의 아픔이야 내 마음에 기별도 오지 않기 때문일까.

돌아오는 길에는 어머니가 눈치 못 채게, 아버지를 추억했다. 지금쯤은 어머니보다 내가 더 아버지를 그리워하고 사는 건지도 모를 일이다. 다리가 부러진 방아깨비들은 수풀 속으로 던져졌다. 그럴 리 없겠지만, 다리가 끊어진 자리가 빨리 아물고 그 자리에서 새 다리가 나기를 빌어본다. 키 크는 잡초처럼.

2.

죽는 일은 사람의 일만이 아니었다. 성묘 때, 당신보다 먼저 떠난 막내 사위의 무덤에 엎드려 흐느끼는 연암 할머니의 큰 울음이 그칠 즈음, 군부대 안에 모셔진 증조할머니의 무덤가에서 다시 방아깨비를 보았다. 억센 머릿결같이 웃자란 잡초 더미 속에서 콩메뚜기와 함께 노는 열락의 방아깨비 그 짧은 날갯짓. 큰아이가 무엇을 보았는지 어어, 하며 슬슬 기어 나온다. 뱀이라도 보았을까. 방금 하사관 한 명이 잡은 까치독사 한 마리를 막대기에 올려 가지고 막사 내무반 안으로 들어가더니, 죽은 쥐라도 밟은 걸까. 별일 아닐 것이다. 연암 할머니와 시아버지, 시어머니, 시숙 그리고 시동생들이 두 번씩 절을 올리고 음복과 과일을 나눠먹고 있을 때 남편의 놀라는 소리가 들렸다.

"어라, 이것 봐라. 희한하네."

참으로 기가 막힌 일이었다. 옆에서 조카들을 모아놓고 작은 형님이 방아깨비가 짝짓기 중인 것을 결혼한다며 봐라 봐라 하는데, 한쪽에선 엄숙한 방아깨비의 죽음을 알려 왔기 때문이다. 저것은 탈피를 한 모습인가 방아깨비의 혼령인가. 알을 한 무더기 내려놓고 껍질만 남긴 채 강아지풀의 꼭대기에 매달려 부둥켜안고 죽은 모습이라니.

성철 스님이 떠올랐다. 〈등신불〉 만적의 입적이 눈앞에 보였다. 몸통의 속은 불면 날아갈 껍질, 날개와 머리 부분은 갈색 단풍이 들어 있었다. 한 마리로는 믿기지 않아 주위를 둘러보니 다시 놀라운 광경. 한 발 건너 잡초의 꼭대기에 들러붙은 또 한 마리 늙은 방아깨비의 열반. 정적. 사람이 죽어 화장하면 뼈를 갈아 재하고 같이 뿌린다는 시어머니의 말소리가 들리고, 체육복으로 갈아입고 힘찬 군가를 부르며 점심 먹으러 가는 군인들의 행진이 보였다. 남편은 방아깨비의 주검을 보며 무언가 생각에 잠겼고, 두 아이와 조카들은 군인 아저씨들의 군가 합창에 넋을 잃었다. 살고 죽는 일이 함께 경이로운 날이었다.

집으로 돌아오니 오빠가 친정어머니를 뵈러 오셨다. 남편과 오빠는 모처럼 부담 없는 술잔을 나누었고, 물가 인상에서 시작된 돈 이야기가 요즘은 돈 없으면 죽지도 못한다는 돈에 이르자 듣고 계시던 어머니가 의외의 말씀을 하신다.

"내 죽으면 화장하거래이. 바다는 좀 무섭고 산이 안 낫겄나."

몹시 지쳐 보이는 어머니의 쓸쓸한 삶에도 경이가 있기를.

3.

산소에서의 방아깨비들의 짝짓기가 선뜻 받아들여지지 않는 것은 어쩌면 내 도덕적 감수성 덕분이다. 형님은 왜 신성한 자리에서 저리 요란스레 아이들에게 방아깨비의 짝짓기 장면을 구경시켜 줄까도 싶었다. 작고 볼품없이 고부라진 수컷과, 수컷의 방사를 은근히 즐기는 듯 듬직한 암컷,

예상 외로 빨리 불러오는 배를 보며 뱃속의 아이를 생각한다. 남자를 생각한다. 내 글 속에서 금기시해 온 섹스에 대하여 생각한다. 막연한 환상에서 두려움이 겹친 각혈 같은 첫 경험, 그리고 두 아이를 낳고 세 번째 아이를 갖기까지 얼마만큼의 섹스를 했던가. 그것은 사랑의 방편이다가 애타는 몸부림이기도 했지. 섹스. 부부

의 섹스가 진정한 것이라는 말에서부터 숨겨진 본능이라는 설에 이르기까지. 나는 그것을 정의하지는 못한다. 남에게 나를 완전히 까발리는 일, 그것이 섹스에 관한 일이라면 참으로 드러내기가 싫은 것이다.

그런 이유일까. 누군가 한 쪽에서 음담패설을 시작하고 한쪽에선 그걸 은밀히 즐기는 것이다. 언젠가 서울에 사는 절친한 내 친구, 그녀는 임신 중 내게 고백했다.

"너는 바람피우고 싶지 않데. 나는 바람피우고 싶어 미치겠다. 입덧만큼 자주 그런 생각이 들던데, 넌 어떻게 참고 생활하니."

희한하다. 임신하면 평소에 맛있던 음식이 냄새도 맡기 싫고 며칠 전부터는 남편의 몸에서 약간의 땀냄새가 스쳐도 언짢다. 홀로 잠자리에 드니 수풀 속에서 들키지 않은 짝짓기를 즐기던 방아깨비의 은밀한 시간을 공개한 형님의 입담도 차라리 나쁘지 않게 느껴진다.

자, 이게 방아깨비의 결혼이란다. 이렇게 짝짓기를 해야 너희 같은 아이들이 태어난단다. 증조할머니의 산소 옆에서의 방아깨비 교미 사건의 전모다.

슬그머니 미소가 떠오른다. 그 덕에 감추거나 아름답게 표현할 수밖에 없는 제한된 지면이지만 금기를 깨보려는 내 의도가 가관이기도 하다. 이 배가 불러올수록 방아깨비처럼 쿵덕쿵덕 방아 찧는 건전한 장면을 또 얼마나 몸속에 품게 될지 나도 모를 일이다. 언젠가 더 보탤 것도 없는 섹스의 느낌을 공개적으로 이야기할 날도 오리라. 고맙다, 방아깨비야.

봄, 길을 잃다

봄에 자주 길을 잃는다. 그럴 때마다 가던 길을 돌아서 가곤 한다. 가다 보면 해안도로의 중간에 내가 서 있다. 출근하면서 길을 잃다니? 몇 번이나 부주의를 탓하면서도 얼마 지나지 않아 또 길을 잃는다.

바닷가에 있던 학교가 시내로 이사를 했다. 학교로 가는 길이 완전히 다른 것이다. 강변로를 따라 차를 달리면 나날이 달라지는 태화강의 모습에 나도 모르게 빠져든다. 맑은 날은 어린 새가 날갯짓을 하듯 강변에는 연둣빛 새순이 고개를 내민다. 강물도 하얗게 일렁이며 바람에 몸을 맡기고 있다. 라디오에서는 차이콥스키의 〈사계-봄〉이 햇살에 반짝이는 자전거 바퀴처럼 핑그르르 돌며 경쾌하게 흘러나온다. 환, 등긂. 은빛 자전거를 타고 달리는 그녀의 이마가 희다. 봄바람에 자신을 맡기고 물미역처럼 긴 머리를 젖히며 그녀는 웃어댔다. 민정, 창백한 그 아이의 표정이 풀기 빠진 모시 같았다. 민정은 두 손을 깍지 낀 채 땀에 흠뻑 젖어 있었다.

“선생님, 저 공황장애래요. 아이 가지려고 어린이집 쉬기로 했는데, 자꾸 불안해서 병원에 갔더니…….” 민정은 말끝을 잇지 못한다. 3년 전에 결혼하여 가정을 꾸리고 있는 옛 제자의 얼굴에는 동심원으로 번지고 있는 불안이 느껴졌다. 민정은 고등학교를 수석으로 입학했다. 성실하고 착한 생활을 하던 모범생이었다. 교무실 선생님들은 이구동성으로 민정을 칭찬했다. 민정은 친할머니와 같은 방에 살면서 시험 기간에도 가끔 할머니의 벗이 되어 화투를 친다면서, 함박꽃처럼 웃던 아이였다. 그 후, 대학을 졸업하고 아이들을 가르치는 일을 하고 있었다. 청초하고 세련되어 가는 민정을 만나면 인동초를 보는 듯 마음이 쓰렸다.

어느 날, 결혼할 남자와 인사를 하러 왔다. 바다가 보이는 찻집에서 본 그 남자는 착해 보이는 사람이었다. 나는 기뻤다. 민정의 결혼식에는 참석하지 못했다. 인도 여행을 예약한 다음날에 청첩

장이 왔고, 인도는 처음으로 가보는 곳이라 여행을 포기하기가 어려웠기 때문이다. 친구 편으로 결혼 선물을 부쳤다. 다음 해 겨울, 그녀의 아버지가 돌아가셨을 때야 병원 영안실에서 민정을 보게 되었다. 위암으로 오랜 투병을 하다가 떠났지만 남은 동생이 어려서 민정의 어깨가 무겁게 느껴졌다. 그나마 신혼의 남편이 있어서 다행이었다. 그 후 3년 동안 연락이 없었다. 그동안 민정의 친구들과는 자주 만났지만, 그녀들도 민정이 어디에 사는지 알 수 없다고 하였다.

가끔 민정이가 생각났다. 봄이 되어 인동초가 피었다는 소식이 들릴 때면 더욱 안부가 궁금해졌다. 아이를 낳았는지, 직장은 잘 다니고 있는지, 온갖 생각이 다 떠올랐다. 우연히 백화점에서 그녀의 어머니를 만나 민정을 다시 볼 수 있었다. 민정의 부러질 듯 가늘어진 목소리에서 슬픔이 묻어났다. 빚 보증금을 갚느라고 번 돈이 너무 빠듯해서 다른 사람을 만날 여유가 없다고 했다. 달팽이처럼 껍질 속에서 웅크리고 살아온 그녀의 몸에서 진한 외로움이 묻어났다. 안간힘을 쓰며 살던 몇 년 동안 민정은 자신에게 공황장애가 찾아온 줄 몰랐다. 빚을 다 갚고 긴장이 풀릴 쯤에 병원으로부터 그 진단을 받은 것이다.

"선생님, 저 어쩌면 좋아요?"

민정이 울고 있었다. 돌이켜보니 8년 전 여름밤에도 민정이 울면서 전화를 했었다. 선생님, 불안해서 공부가 안 돼요. 나는 그녀의 하소연이, 성적에 대한 강박관념 때문일 거라고 단순하게 생각했었다. 다음 날 아침, 민정과 함께 언양에 있는 심리상담연구소로 갔다. 빗물로 계곡물이 불어 차바퀴가 수막현상을 일으켰다. 올라가는 길이 가파른 데다 쏟아지는 비 때문에 앞이 잘 보이지 않았다. 고헌산 능선이 눈앞에 보이는 상담실의 품안에 민정을 안겨주었다. 흰 바지를 입은 민정이 산자락에 혼자 남았을 때 비가 펑펑 쏟아졌다. 이제 민정은 억압된 감정을 수면 위로 끌어올려 스스로 상처를 치유해야 하리라.

돌아서 학교로 가는 길에 나는 길을 잃지 않았다. 다행히 비가 걷혔다. 젖은 나뭇잎들이 햇살 속에서 제 깃털을 터는 새의 작은 몸처럼 물빛이 반짝거렸다. 술렁이는 나뭇잎들을 지나 비에 젖은 도로를 씽씽 달려 학교로 왔다.

여름 방학이 되었다. 오랫동안 꿈꾸던 앙코르와트로 떠났다. 수많은 소리들이 속삭이는 낯선 풍경 속으로 지치도록 걸어 다녔다. 하늘과 맞닿아 있는 중앙신전을 향해 한 걸을 한 걸음 돌계단을 기어올랐다. 꼭대기에서 내가 올라온 까마득한 아래를 내려다본 순간, 나비처럼 가벼워진 내 몸을 느꼈다. 돌계단에는 내가 벗어던진 삶의 빈 껍질들이 번데기처럼 놓여 있었다. 마침 바람이 불어왔다. 일상에서 내가 벗어던지고 싶었던 것, 나를 누르고 있던 역할의 옷들이 훨훨 나비처럼 날아갔다, 가볍게.

가볍게 귀국행 비행기를 탔다. 비행기가 고도를 높이며 구름을 뚫고 나서야 여행지에서 보지 못했던 여행 안내책자를 꺼냈다. 앙코르 와트, 앙코르 톰, 바이욘 사원, 반테이 스레이, 타프롬, 바콩 사원, 톤레삽… 지상의 우주, 앙코르 와트는 아직까지 나를 유혹한다. 호수에 비친 앙코르 와트의 탑은 보는 위치에 따라서 다르게 보인다. 다섯 개의 탑이 정문에서 보면 세 개로, 물 위에 투영되면 열 개로 보인다. 일상의 사물들도 다른 각도에서 보면 그 사물의 모습이 달라진다. 사물을 보는 각도는 호수와 같은 내 마음의 거울 속에 있다. 거울 속에 담긴 그 길을 따라 걸어 들어가고, 길을 지나치면 되돌아오면 된다. 봄이 오면 그 새봄을 맞이하고, 다른 길로 들어서면 그 새길을 따라 걸어가야겠다. 보이지 않던 길도 내가 찾으면 어디에서든 있다, 내가 걸어가면 길이 되어 그 어디에서도 새길이 열릴 것이므로.

나의 사랑하는 제자, 민정이도 그녀에게 주어진 길을 따라가다가 길을 잃고, 길을 찾고, 또 담담하게 걸어가리라. 새봄에는 새 출발하는 마음으로 다시 돌아오리라, 번데기에서 나비로.

빈집

백야를 만나기 위해 노르웨이에 갔다. 태양이 지지 않는 밤풍경을 보는 것은 어린 시절 내 꿈이었다. 상상만 했던 노르웨이는 따뜻하고 포근한 곳이었다. 빨간 지붕 아래 예쁜 창문이 있고 창가에는 화분이 놓여 있었다. 보랏빛 라벤더 꽃과 분홍빛 부처꽃이 버스 안에 앉은 나에게 손을 흔드는 것처럼 보인다. 달리는 차를 향해 온몸을 흔들며, 소리 내어 부르는 듯하다. "어딜 가세요? 우리 집에 놀러오세요."

하늘은 더없이 푸르고 잔디조차 초록에 지쳐 있는데, 사람의 흔적이 없다. 마당에 앉아 흙에 그림을 그리고 있는 어린아이가 떠오른다.

해가 긴 여름이었고, 네 살짜리 어린아이는 혼자 노는 게 지루했다. 언니 오빠들은 학교에 가고, 어른들은 모두 농장에 가서 돌아오지 않았다. 마당에 앉아 닭을 쫓거나, 그림을 그리거나, 장독대 옆 앵두를 따거나, 부엌 부뚜막에 있는 식은 감자를 먹었다. 일하다가 잠시 집에 들른 엄마는 아버지 점심을 차려주고 다시 나갔다.

"아버지를 혼자 두고 놀러가지 마라."

아버지는 간암 투병 중이었고, 친구들이 노는 소리는 먼 곳에서 들렸다. 아버지가 돌아가시고 우리는 언양 도동마을로 이사를 했다. 아버지가 벌여놓았던 농장 사업은 빚으로 넘어가고, 큰오빠는 여섯 명의 동생과 마흔다섯에 홀로된 엄마까지 맡아 직장을 얻었다. 시골학교 선생님이 된 오빠를 따라 이사한 집은 마을에서 벗어난 외딴집이었다. 집을 둘러싸고 있는 대나무 숲은 우우 소리를 내어 무서움을 느끼게 했고, 아직 다섯 살인 나는 여전히 혼자였다.

집에서 2km가 넘는 곳에 향산 초등학교가 있었다. 학교에 입학하고 나는 나날이 즐거움이 넘쳤다. 예쁜 선생님이 하얀 이를 드러내고 웃을 때마다 하늘나라 선녀를 떠올렸다. 선생님이 가르쳐 주는 공부가 머릿속과 마음에 알알이 박혀 석류알처럼 익어갔다. 기쁨도 잠시 우리는 다시 부산으로 이사를 갔다. 교사 월급으로 동생들을 키울 수 없다고 생각했던 큰오빠가 부산에서 사업을 시작했기 때문이다. 부산은 복잡하고 시끄러웠다.

"쪼금만 더 줘."

물건값을 흥정하는 사람들을 구경하다가 가게 이름을 하나씩 큰 소리로 읽으면서 오르다 보면, 어느새 동네 꼭대기에 있는 우리 집이 나왔다. 다닥다닥 붙어있는 셋방 사는 친구들과 달리 대청마루가 넓게 있고, 수도가 있고, 방이 두 개나 있는 우리 집이 그나마 위안이 되었다. 대문 앞에는 넓은 공터가 있어 동네 친구들을 불러다가 우리 집 앞에서 놀았다. 대문 앞에서 구슬을 던지고 딱지치기를 하고 자치기, 잡기놀이를 했다. 햇살 아래 아이들의 웃음소리가 반짝였다. 하지만 낯선 도시가 내게 기쁨을 준 시간은 길지 않았다. 무더위가 기승을 부리던 여름 방학식 날, 땀을 뻘뻘 흘리며 집으로 와서 대문을 밀었다. "엄마" 하고 부르며, 가방에서 상장과 통지표를 꺼내 자랑하려고 흔들었지만 빈집이었다. 큰방과 작은방 어디에도 엄마는 없고, 엄마의 흔적만 있었다. 깨끗하게 치워진 방과 반짝이는 대청마루와 방구석에 장승처럼 자리한 수박색 줄무늬 모기장이 있었다. 까닭 없이 설움이 밀려왔다.

엄마를 부르던 내 목소리가 어느새 "아버지"를 부르며 울고 있는데, 갑자기 대문 여는 소리가 들리고, 한 손이 없는 헐크 선장 아저씨가 깡통을 들이밀며 식은 밥을 달라고 한다. 날카로운 고리로 나를 해칠 것 같은 두려움이 나를 긴장시켰다.

"엄마 시장 갔어요. 이제 금방 올 거예요."

내 말을 들은 아저씨가 얼마나 더 머물렀을까. 그 짧은 순간이 영원처럼 길게 느껴진 순간이었다. 대문이 닫히는 소리가 들리자 난 울다가 잠이 들었다. 그때 나는 아홉 살이었다.

혼자 고군분투하는 아들을 가엾게 여긴 엄마는 오빠 몰래 솜 공장에 일을 하러 나갔다. 해님 달님 이야기 속의 호랑이처럼 하얀 솜을 머리와 옷에 묻혀 집으로 들어오는 엄마를 기다리는 시간이 늘어났다. 해가 뉘엿뉘엿 넘어가면 여기저기서 이름을 부르는 소리를 듣고 "내일 놀자." 하면서 친구들은 사라져 버렸지만, 나는 동네 언덕을 올라오는 엄마의 하얀 머리가 보일 때까지 대문을 지켰다. 떠난 친구들이 남기고 간 구슬이며, 딱지를 분유통에 담아 차곡차곡 쌓으면서.

노르웨이 피오르 해안은 끝없이 이어진다. 이웃집에 가는 것도 1km를 달려야 하는 넓은 땅, 해발 1200m 고원에는 한여름에도 녹지 않는 빙하가 있고, 빙하가 만든 호수가 있다. 얼어붙은 땅에는 여행을 다니는 수많은 행렬이 백야에 이동하고 있다. 차창에서 멀어지는 곳에 불빛이 드문드문 켜진다. 가까이 다가가면 인기척은 없고, 창가에 놓인 생화만이 집안에 사람이 잠들어 있음을 알려준다. 끝없이 이어지는 노르웨이 피오르 해안가에 있는 예쁜 집들이 빈집처럼 느껴졌다. 노르웨이는 마치 어린 시절의 나를 만나는 것 같았다. 나는 빈집이 싫었다. 불빛 없는 빈집은 어린 시절 내 외로움과 마주하는 것이라 고통스러웠다. 경주의 빈집, 도동마을의 외딴집, 부산에서의 꼭대기 집을 떠올리면 가슴 속에서 '우우우' 하는 스산한 바람 소리가 들리는 듯했다.

내가 빈집을 싫어하는 것을 눈치라도 챈 듯 남편은 먼저 퇴근해 와서 불을 켜고 집을 지키고 있다. 비밀번호를 누르면 현관까지 마중 나와 가방을 받아주고 따뜻한 눈길을 보내온다. 엄마가 돌아가시기 전까지 우리 집은 엄마가 불을 밝혀 주었다. 어린 시절 나를 혼자 남겨둔 게 미안하기라도 한 듯, 결혼 후 한 번도 나를 떠나지 않고 우리 아이들을 키우면서 우리 집에서 함께 살았다. 돌아가시기 7개월 전까지도 현관문을 열면 "화야 왔나?" 라며 침대에서 나를 반겨주셨다. 따뜻한 엄마를 품에 안고 작고 흰 얼굴을 어루만지면 보드랍고 포근했다.

4년 전 엄마가 돌아가시고 학교에서 늦게 귀가하는 나를 기다려주는 사람이 바뀌었다. 나는 주차장에 차를 대고 집으로 들어가기 전에 집에 불이 있는지 먼저 살핀다. 아파트 1층 우리 집은 눈에 쉽게 들어온다. 거실과 부엌에 불이 따뜻하게 켜져 있고, 현관문을 열면 내 가슴에 뛰어들어 안기는 포근함이 있다. 하루 종일 혼자 견뎌온 우리 집 진돗개 '미담이'가 열렬하고 환희에 넘치는 동작으로 나를 휘감는다.

주말이면 미담이를 데리고 산책을 간다. 바깥 공기의 신선함을 코끝에서 받아들이는 미담이의 몸짓은 고조된다. 순식간에 문화공원에 닿는다. 그곳에는 라미, 샘, 겨울이, 간지, 포동이, 순이, 봉순이… 미담이의 친구들이 기다리고 있다. 어둠이 깊어져도 뒹굴고 달리고 서로를 껴안고 씨름을 한다. 그 평화의 순간, 언덕에서 어머니가 밤이슬을 밟고 나타난다. 뒤로는 아버지가 들어오신다. 어린 시절 친구들도 둔덕을 넘어온다. 빈집의 주인공들이 다 모였다. 미담이가 허공을 향해 반갑게 짖으며 꼬리를 흔든다. 그 순간 허공에서 웃음소리가 들려온다. 옆에 있는 강아지 주인들이 깨알 쏟아지듯 웃는다. 밤이 깊었다.

"다음에 또 만나."

집으로 오는 길, 미담이를 데리고 걸어오는 동안 아홉 살의 어린 내가 마치 엄마의 손을 잡고 걷는 느낌이다. 송네 피오르에서 만난, 아주 커다랗고 빛깔이 선명한 무지개가 떠오른다. 빨주노초파남보. 창틈을 새어나온 불빛이 따뜻하다. 나는 잠시 빈집이던 우리 집으로 쑥 들어선다.

섬끝마을에서

슬도에 갔다. 그곳에 등대 하나, 바람을 맞으며 서 있다. 초록바람이 불어왔다. 비파를 닮았다는 섬끝마을. 누가 지었을까, 이렇게 예쁜 이름을. 바닷바람이 햇살을 벗삼아 흔들리며 내 겨드랑이의 땀을 식힌다.

종점에서 좌회전은 했지만 좁은 골목으로 연결되어진 길을 따라 오면서 마주 오는 차를 어떻게 피할 수 있을까 걱정스러웠다.

좁은 골목길을 통과하고 나니 제법 넓은 길이 잠깐 보이고, 해양경찰서의 세관 창고 옆에 넓은 주차장이 있다. 아이는 이곳에 주차를 해놓고 산으로 걸어오라고 말했다. 산으로 오르기 전에 바다 끝에 있다는, 이정표에 '섬끝마을'이라고 표기되어 있는 이 작은 섬마을을 멀리서 한번 보고 싶었다. 방파제가 있는 바다 쪽으로 걸어가니 장사하는 아주머니들이 바구니에 담긴 소라며 전복이며 멍게를 사라고 붙잡는다. 집에 있는 엄마가 생각나 전복의 값을 물었다. 생각보다 비싸다. 붙잡는 아줌마들의 손길을 적당하게 거절하고 바다 쪽으로 걸었다.

바다로 가는 길은 정비가 되지 않아 무척 가팔랐다. 방파제로 200미터쯤 걸었을까. 작은 등대가 있고, 등대를 둘러싸고 있는 작은 풀밭이 있다. 철조망으로 둘러싸인 등대는 아마도 무인 등대일 것이다. 방어진에서 오랫동안 살아오면서 방어진등대가 전부인 줄 알고 있다가 오늘, 아이 덕분에 다른 등대를 보게 되었다. 잠시 바다를 본다. 드넓은 바다를 보면서, 아이가 태어나서 지금까지 살아온 이곳 바다의 의미를 잠시 생각한다. 나에게는 새로운 이 바다가 아이에게는 일상이고 삶의 상처였다. 돌아 나오는데 다시 아주머니들이 목청을 높여 부른다. "전복 싸게 줄게요."

마음이 약해졌다. 인적이 드문 이곳에서 장사를 하고 있는 검붉은 그녀들이 낯설지 않다. 나는 주저앉아 고동을 이것저것 흥정하다가 두 봉지를 샀다. 하나는 그 아이에게 주고, 하나는 집으로 가져갈 것이다.

아이의 집으로 가는 길은 완만한 경사다. 바다에서 언덕으로 올라가는 길. 조금 전보다 바람이 훨씬 상쾌하다. 골목 이름도 예쁘다. 몇 개의 식당을 지나 아이의 집을 찾았다. 슬레이트 몇 개 얹어서 겨우 비를 피할 수 있는 집이었다. 내 키만큼 자란 옥수숫대 너머로 능소화가 돌담에 기대어 피어 있다. 바람을 맞으며 꽃등을 걸어놓고 있는 능소화가 그늘 아래 꽃숭어리 채 떨어진 것을 보니 마음이 저리다.

좁은 마루에서 아이를 불렀다. 두 개의 방, 한쪽에는 내 목소리를 알아듣지 못하는 연로하신 아버지가 계시고, 다른 방에서 아이가 나온다.

"선생님."

수해가 지나간 들판이 그럴까? 아이의 얼굴은 알아보기 어렵게 황폐해져 있다. 마당에 후드득 떨어져 있던 능소화 꽃숭어리 같다. 이부자리를 걷고 앉은 아이의 여윈 등을 만지면서 찌르르 심장이 아파왔다.

아이는 이틀 전에 병원에서 퇴원을 했다. 열흘 전 아이는 자살을 기도했다가 발견되었다. 아이는 사랑을 했다. 남자는 아이보다 여덟 살이나 많은 사람이고, 아이가 다니던 학원 선생이었다. 대학에 가지 못하고 일하던 아이는 저녁이면 학원에 다니고 있었다. 친절하고 호의적인 남자에게 아이는 풍덩 빠져버렸다. 사랑에 결핍이 많은 아이였다. 이제 스물넷인 아이는 남자와 결혼까지 생각했는데, 느닷없이 남자가 다른 여자를 만나고 있음을 알았다. 아이는 남자에게 당한 배신을 감당할 힘이 없었다. 모든 것을 잊고 싶었다. 새벽, 바다가 보이는 화장실에서 아이는 약을 마셨다. 바람이 지나간 자리, 아이의 얼굴은 창백하고 약속의 기다림으로 입술은 까칠했다. 원망보다 그리움이 실린 아이의 눈동자는 바다를 향해 일렁였다. 출렁이는 바다, 바다를 볼 때마다 생각난다. 다시 나는 '바다' 하고 가만히 불러본다. 두 눈에 가물거리며 어떤 남자가 불려나온다. 누구였지. 누구였더라. 늘 나를 바라보고 있던 남자가 떠오른다. 얼굴을 정확하게 본 적이 없는데 오히려 선명하게 기억된다. 검은 안경테 속의 두 눈, 사람을 통찰하는 듯 조용하고 깊이 있는 눈을 가졌던 남자. 우울함에 빠져 있던 나에게 밤새워 쓴 시가 배달되었다. 답장을 보낸 적 없었지만 그는 지칠 줄 모르고 편지를 보내왔다. 수직으로 흐르는 그의 마음이 부담스러웠던 어느 날, 편지를 돌려보냈다. 또 다른 땅 끝, 대흥사에서 마지막 편지가 왔다. 운명의 굴레에서 벗어날 힘이 없다고.

동해의 끝 슬도. 이곳에서 바다는 세상의 전부 같다. 아이에게 남자를 기다리는 일이 전부이듯. 내려다보이는 눈앞의 바다에 빠져 등 뒤의 땅을 보지 않으려는 아이. 아이는 그와 닮아 있다. 발 디딜 수 없는 바다에 풍덩 발을 디디는 무모한 열정이 더욱 답답하다. 떠난 사람을 기다리지 말라는 당부의 말이 목구멍으로 올라왔지만 끝내 토하지 못하고 언덕을 내려왔다. 슬도의 바람이 치맛자락을 감싼다. 아이는 방으로 들어가지 않고 내가 내려오는 것을 지켜보고 서 있다. 마른 꽃 같은 아이의 몸이 바람에 날아갈 듯하다. 벼랑에 선 듯 그렇게 있는 아이를 두고 오는 길이 한없이 멀게 느껴진다. 떠난 사람은 돌아오지 않을 것이다. 기다림의 맹세를 저버려서가 아니라 운명의 수레바퀴에서 내리는 법을 배우지 못했기 때문이리라. 슬도가 낮은 소리로 운다. 술대에 부딪혀 육현이 소리를 내는 비파 산조 같기도 하고, 체념하지 못하는 아이의 울음소리 같기도 하다.

신 공무도하가

안개 가득한 바다에서 헤매던 목선이 등대의 불빛을 따라 항구로 돌아오는 것처럼 나도 등대로 인해 세상 속으로 다시 돌아온 적이 있다. 방어진 바다에 가면 등대가 있다. 일산해수욕장 백사장을 따라 걸어가다 보면 솔숲이 나온다. 경사가 완만한 몇 구비의 계단을 걸어올라, 싱그러운 솔밭을 따라 발걸음을 옮기다 보면 그곳에서 가장 아름다운 등대를 만날 수 있다. 등대에 올라

간 적이 있는가. 바다에서 등대를 바라보는 것보다 등대에서 바다를 바라보는 것이 훨씬 아름답다는 것을 느낀다. 그것은 나만이 등대를 사랑하는 방식일까.

나는 등대지기. 등대 위에서 바다를 내려다본다. 수평선에는 크고 작은 배들이 항해 중이거나 잠시 쉬고 있다. 저 밤바다에 떠있는 배들, 외로움에 떨고 있던 유년 시절의 자신을 발견한다. 등대 안으로 들어간다. 계단을 타고 전망대에 오른다. 전망대에서는 새로운 세계를 만날 수 있다. 검은 바다를 지치도록 보았다고 느끼는 순간에 가슴 가득 밀려오는 초록 융단. 어쩌면 울기등대만의 특별한 무엇인지도 모른다. 등대에서 내려온다. 한 잎 한 잎 예리하게만 보이는 솔잎. 들이치는 파도소리. 솔숲 사그락거리는 소리. 돌아본다. 왠지 포근한 모습이다. 솔잎을 한 움큼 따서 주머니에 넣는다. 남은 몇 잎은 어깨 뒤에 꽂아본다. 나는 새털처럼 가벼워진다. 가벼워진 걸음으로 바다 가까이로 걸어 내려간다. 세상에서 나 혼자만 아는 초록 융단이 눈앞에 펼쳐진다. 이제 눕기만 하면 아주 곤하게 한숨 잘 수 있을 텐데. 달빛 내려앉은 바위 위에 내가 눕는다. 안개가 자욱한 바다. 하늘 높이 넘실거리는 수평선이 고즈넉하다. 얼핏 희뿌연 수평선이 일렁인다. 어디선가 노랫소리가 들려온다. 물의 노래일까.

그대 강물 건너지 말아요

그대 강물 건너시다가
물에 빠져 죽으시면
난 어떡하라고

압록 강가. 허름한 초소에서 경비병이 오간다. 살을 에는 추위 때문에 경비병은 군복의 깃을 높이 올리고 두 눈만 내놓은 채 규칙적으로 걸음을 옮기고 있다. 강은 얼어 있다. 시간이 얼마나 지났을까. 어둠이 자욱하게 내리고, 한 남자와 내가 강을 건너고 있다. 나는 어린 아기를 업고 있고 남자는 작은 가방을 들고 있다. 조심스럽게 강을 반쯤 건넜을까. 갑자기 불빛이 사위를 밝히고 우리를 향해 총탄이 날아온다. 정신없이 달리던 나는 다리에 총을 맞고 넘어진다. 아아! 사랑하는 당신, 당신만이라도 자유를 찾아가야만 합니다.

다시 압록 강가. 경비병은 권태로운 표정으로 강가를 걷고 있다. 더위 때문인지 군복도 벗어 들고 그저 강 이쪽저쪽을 무심한 마음으로 살펴보고 있다. 가뭄 때문에 강물은 많이 줄어들었지만 사람들은 세수를 하거나 발을 담그고 있다. 누군가는 벗어 든 옷을 들고 힘껏 흔들어 본다. 조그마한 쪽지를 꼭꼭 여미어 강물에 띄우기도 한다. 강을 사이에 두고 그들은 서로를 알리기 위해 노력하는 것이다. 저녁 어스름이 내리자 강을 사이에 두고 바라보기만 하던 사람들이 이제 돌아갈 준비를 한다. 차마 돌아서지 못해 망설이며 우는 사람들. 까맣게 어둠이 내린다. 나는 수십 년 동안 어둠 속에 웅크리고 있다, 화석처럼.

처얼썩!

꿈이었다. 나는 달빛 젖은 바위 위에서 잠이 들고 파도에 밀려온 별리의 노래를 들었던 것이다. 바다에 홀로 앉아 감상에 빠져 있는 나를 일깨우기 위해 압록 강물이 방어진 바다까지 흘러온 것일까. 등대의 불빛이 바다를 비추고 있다. 저 불빛이 바닷길을 따라 압록강에 닿을 수 있으면 좋겠다. 그리하여 그리운 모든 마음이 닿을 수 있으면 좋겠다.

바다에서 집으로 돌아오는 길, 만남의 노래가 바람결에 나부낀다. 압록 강가, 북쪽 여인의 〈공무도하가〉가 바람결에 들려온다.

그대 강물 건너시오
그대 강물 꼭 건너시오
건너지 못하고 죽으시면
님은 어떡한단 말입니까

불새

조각 전시장에 갔다. 예술회관의 뜰에는 은행잎이 곱게 깔려 있었다. 스무 사람의 작품이 뜰 여기저기에 펼쳐져 있었다. 바람이 불어 야외 시장이 쓸쓸하게 느껴졌다. 차가운 땅에서 알 수 없는 노래를 부르고 있는 조각품들이 사람들을 예술회관 전시장으로 손짓한다. 극도로 절제된 작품들은 잘 다듬어진 선율로 울리는데, 나는 그들의 노래를 알아듣지 못하는 귀머거리다.

두 눈을 뜨고 보면서도 제대로 뜻을 이해하지 못하는 내 자신이 초라하게 느껴지는 순간 나를 사로잡는 〈이카루스-겨울의 노래〉라는 작품을 만날 수 있었다. 왼쪽 가슴이 찢기어진 채 서 있는 남자의 머리 위에는 긴 머리의 여자가 있다. 위태롭게 서 있는 한 사람이면서 두 사람인 연인, 등에는 날개가 있다. 두 날개는 비상할 준비를 했으나 과연 두 몸을 싣고 날 수 있을까. 날 수 없는데 날고 싶은 꿈을 가지고 있는 불행한 연인의 얼굴에는 슬픔이 가득하다. 가을하늘을 향해 날고 싶어 하는 연인의 두 눈에서는 눈물이 흐를 듯하다. 겨울 이카루스는 앞가슴이 찢어져 있다. 마치 내 가슴을 찢어놓는 듯하다. 한 어린이가 찢어진 가슴에 낙엽을 끼워 놓았다. 누군가 내 가슴에도 저렇듯 어울리게 낙엽 끼워줄 사람 없을까.

희. 내가 그녀의 상처 난 마음을 치료해줘야 하지 않을까. 까마득히 그녀를 잊고 지내다가 오늘 새삼스레 그녀를 떠올리게 된 것은 날개와 꿈꾸는 눈동자, 찢긴 가슴을 보았기 때문이리라. 비디오를 보는 동안 내 관심의 전부는 그녀였다. 그녀를 발견하겠다는 생각에 영화의 내용은 제대로 기억나지도 않았다. 끝까지 다 봤지만 그녀는 어디에도 나오지 않았다. 테이프를 처음으로 돌려 다시 보기로 했다. 되감기 버턴을 눌렀다. 찌르르륵. 배우들은 말없이 지나간다. 화려한 그들의 어디에 이렇게 초라한 모습을 찾을 수 있을까. 리모컨에 따라 말없이 몇 번이고 달리고 멈추는 그들을 보면서 새삼 나는 그녀를 찾는 일에 매달리는 내 자신이 우습게 느껴졌다. 내가 이토록 그녀를 잊지 못하고 연연해하는 이유는 어디에 있을까. 영화의 끝에 그녀의 이름이 기록되어 있는 것으로 보아 그녀는 분명히 이 영화에 출연하고 있을 텐데. 인내심을 가지고 그녀를 다시 찾기를 다섯 번, 비로소 나는 그녀를 찾았다. 그녀는 유명한 남자 배우의 아내 역할이었는데, 대사 한마디 없는 엑스트라였다. 나는 온몸에 힘이 빠지는 걸 느꼈다. 세상에, 그녀가 10초짜리 단역배우라니.

내가 알던 그녀는 언제나 주인공이었다. 중학교부터 대학교 때까지 선배인 그녀는 전교 일등을 도맡아 했다. 선생님들의 칭찬과 후배들의 부러움을 한몸에 받고 있는 그녀를 알게 된 것은 문예반 모임에서였다. 그녀는 시를 쓰고 나는 산문을 배울 때였다. 늘 열정적으로 살아가던 그녀를 나는 누구보다 좋아하고 따랐다. 그녀의 선택은 항상 새로운 시도나 모험으로 보였고, 나는 그녀의 열렬한 팬이었다. 대학을 졸업하고 국어 교사로 지내던 그녀는 동료 교사와 결혼을 했다. 교회에서 엄숙하게 치른 그녀의 결혼식이 오랫동안 기억에 남는다. 그녀는 행복해 보였다. 가을날 하얀 웨딩드레스를 입은 그녀의 눈부시게 아름다운 모습은 새로운 세계로 비상하려는 작은 새처럼 보였다. 결혼을 하고 그녀는 연극을 시작하였다. 그녀가 쓴 희곡이 공연되고 직접 연극에 출연하기도 했다. 연극배우로서의 그녀가 조금은 어색하게 보이기도 했지만 열심히 살아가는 그녀는 여전히 주인공이었다.

그렇게 저렇게 서로 살아가는 일들이 바쁜 속에 몇 년 동안 나는 그녀의 소식을 듣지 못했다. 울산으로 오면서 부산에 살고 있는 그녀가 궁금했는데, 우연히 후배로부터 소식을 들을 수 있었다. 그녀는 딸 하나를 낳고 몇 년 전에 이혼을 했다. 작년에 학교에 사표를 내고 서울로 올라가서 아카데미하우스에서 배우 수업을 받았다. 올해는 몇 편의 우리 영화에 출연했는데 그 중에 하나가 〈불새〉라는 것이다. 그녀가 영화배우가 된 것이다. 영화 속의 불새는 황금빛 날개를 달고 하늘로 날아오르려 하였다. 비상하려는 마음만큼 튼튼한 날개를 가지지 못한 불새는 곧 추락할 것 같은 아스라함으로 허공에 떠 있었다. 불새의 날갯짓은 그녀의 안타까운 몸짓이었다. 꿈을 꾸는 그녀. 그녀의 삶이 고단할수록 퍼덕이는 날갯짓은 더욱 열렬해질 것이다.

아이들을 가르치는 일에 자신의 열정을 다하던 그녀를 보는 것보다 영화배우가 된 그녀를 보는 일이 잠시 낯설게 느껴진 것은 내 눈에 먼지가 자욱하기 때문인지도 모른다. 세상일을 어찌 나만의 잣대로만 볼 수 있을까. 내가 그녀를 위로해야겠다는 생각은 처음부터 잘못이었다. 그녀는 자신의 삶을 선택해서 살아갈 권리가 있으며, 나는 단지 그녀의 삶을 지켜보는 사람일 뿐. 그녀가 다시 태어났으면 좋겠다. 그녀의 찢어진 가슴에 고운 들국화 피어나 이 가을을 가득 채우면 좋겠다. 이카루스는 날지 못하고 지상에서 울고 있지만 그녀는 날 수 있으리라. 아마 그녀는 미지의 세계를 향해 힘찬 날개로 다시 비상할 것이다.

희망

내 작은 눈 속에 맑은 가을하늘이 담겨져 있다. 누가 그랬을까. 창문이 열려져 있다. 얼마만인가. 울산의 하늘이 이렇게 맑은 것은. 어쩌면 3년 만에 처음 아닐까. 이사 온 이후로 나는 이렇게 맑은 하늘을 본 적이 없다는 생각이 들었다. 어쨌든 행복하다. 행복은 이렇게 작은 것인데 나는 너무 많은 것을 소망해 왔나보다. 가질 수 없는 것을 바라며 늘 갈증을 느꼈는지 모른다. 하늘에는 구름조각이 떠 있다. 그래, 저걸 양떼구름이라고 했던가. 오랫동안 구름과 하늘을 보며 누워있었다. 저렇게 맑은 하늘을 담아내었던 〈일 포스티노〉라는 영화를 떠올리면서.

아무런 일을 갖고 있지 않던 '그'는 우연한 기회에 우체국에 자리를 얻고 우편물을 배달하는 일을 한다. 마침 페루에서 추방당한 민중시인 '네루다'가 이탈리아의 해변으로 와서 살게 된다. '그'는 매일 네루다에게 편지를 배달하면서 새로운 세계를 접한다. '그'의 첫 질문은 '은유'였다. 시인은 시골의 한 우편배달부에게서 잊고 지냈던 순수함을 발견한 것일까. 네루다는 맑은 하늘과 더 푸른 바다에서 한 순수한 영혼을 길들인다. 거친 감자 같던 '그'가 조금씩 닦이어서 말간 유리가 되어가고 있을 때 네루다는 본국으로 돌아간다. 드디어 시인이 가고 '그'는 혼자 남아 우체국 일마저 그만두게 된다. 그러나 '그'의 아름다움이 내 가슴에 꿰뚫고 들어온 것은 다름 아닌 '그'가 가지고 있는 사랑의 마음이다. 떠나고 없는 시인의 집에 혼자 남아 음악을 듣고 해변을 산책하면서 시인을 그리워하던 '그'는 이탈리아의 아름다움을 채록한다. 시인에게 전하기 위해서다. 배를 타고 바람의 소리를 녹음하고 파도 소리를, 돌멩이 구르는 소리를. 누가 그런 아름다운 마음을 지닐 수 있을까? '그'는 시인이 되었다. 이탈리아에서 사회당이 정권을 잡게 된 날, 민중의 틈새를 빠져나가 자신의 시를 낭독하다가 죽었다. 어쩌면 그는 한 편의 시를 이 땅에 남기고 죽은 유일한 사람인지도 모른다. '그'가 오랫동안 바다에서 서성이던 모습이며 비장한 목소리로 시를 낭송하던 장면의 아름다움이 내 가슴에 여운으로 남는다.

'그'처럼 살고 싶어 하는 한 사람을 알고 있다. 내게는 친구의 남편으로서만 기억되는 사람이지만 친구가 너무나도 사랑하는 그는 바다를 사랑했지만 바다를 떠나 살아가고 있다. 재작년 가을에 사고를 당해 오른쪽 팔을 다친 그는 고등학교에서 독일어를 가르쳤다. 막연히 독일을 동경하던 내가 친구의 남편을 더욱 좋아하는 이유는 교육을 향한 남다른 그의 열정을 알아서다. 남해에 첫 발령을 받은 그는 자기 반 아이들과 바다에서 어우러져 살았다. 새까맣게 그을린 그를 보면서 아이들은 마치 친구를 만난 듯 즐거워했다. 바다에서 태어난 사람처럼 바다를 사랑하고 아이들을 사랑하던 그에게서 아이들은 새로운 시를 배우곤 했다. 바다는 그를 만나 비로소 거대함으로 살아난 것처럼 느껴졌다. 내 친구는 바다의 얼굴을 한 그를 사랑하는 것 같았다. 지칠 줄 모르고 아이들과 어울려 지내는 그에게서 살아가는 힘을 구하는 것처럼 보이기도 했다. 유자차를 끓여 먹으라고 보내준 친구의 선물이 그들의 사랑 향기만큼이나 강렬했었는데. 둘은 너무 사랑해서 그럴까, 친구와 그의 지극한 사랑에 신이 질투를 느낀 것일까, 서울에서 있었던 참교육 교사대회에 다녀오던 중 그가 탄 전세버스가 전복되었다. 친구는 그의 살아있음에 감사한다고 했지만 중상을 입은 그는 오른쪽 팔이 굳어버렸다.

어떤 말로도 친구와 그를 위로할 수 없다. 굳어진 그의 팔처럼 그의 마음도 그럴까 걱정스러운 마음이 들수록, 그들에게 가고 싶은 마음을 표현하지 않기로 한다. 가끔 나는 친구에게 전화를 한다. 옛날에는 그녀와 서로의 마음을 편지로 전달하곤 했지만 지금은 그녀가 그럴 만한 여유를 잃었기 때문이다. 그녀에게 전화를 하면 늦은 밤이 아침으로 밝아올 때도 있다. 그녀는 그의 이야기만을 한다. 나는 그녀의 이야기를 들어준다. 서울 병원에서 수술을 받은 이야기를 할 때는 한숨을 쉬지만 물리치료를 받고 있는 이야기를 할 때는 완치에의 희망으로 목소리가 밝아진다.

그녀는 바다에 홀로 던져진 작은 배다. 그는 부상당한 그녀의 돛이다. 폭풍우가 불어 그들의 배가 잠시 이름을 알 수 없는 곳에 정박해 있지만, 항해를 멈추지 않으리라는 생각이 든다. 바다가 끊임없이 제 노래를 부르듯이 그는 변함없이 바다를 노래할 것이다. 아이들을 가르치는 일에 가끔 힘이 들 때 그를 생각한다. 교단에 다시 서서 아이들을 가르치는 일이 소원이라는 그를 생각하면, 나는 희망의 얼굴을 보는 것 같아 가슴이 설렌다. 곧 그의 팔이 자유롭게 움직일 수 있고, 그가 아이들에게 시를 가르칠 수 있기를 소망하는 것은 내게 또 다른 희망이 되는 것이다. 그들에게도 고난이 또 다른 삶의 희망으로 푸르게 다가올 것만 같다.

고리

가을이 오면 그녀는 어떻게 지내고 있을까, 생각이 난다. 어쩌다 길에서 비구승을 만나기라도 하면 더욱 간절해진다. 이번 가을에는 그녀에게 한번 가봐야지 생각으로만 그친 게 여러 번이기 때문이다.

며칠 전에는 꿈에서 그녀를 보았다. 잿빛 승복을 입은 그녀의 두 손은 합장을 하고 있었지만 불꽃의 심지를 바라보는 그녀의 눈빛은 예사롭지 않았다. 잠에서 깨어 그녀와 함께 서해안 내소사에서 찍은 사진을 들여다보고 손수건으로 먼지를 닦아 내었다. 그녀와 함께 떠났던 처음이자 마지막 여행, 그때 우리는 얼마나 지치고 얼마나 서로 가난했던가.

부안 땅은 왜 이리 붉어서 우리를 서럽게 하느냐고 넋두리를 하면서 긴 황톳길을 걸었다. 걸으면서 우리는 두 손을 놓지 않았다. 삼 개월의 구금 생활, 푸른 수의를 입은 그녀를 만나러 가면서 늘 놓을 수밖에 없었던 그녀의 여윈 손을 꼭 잡고 세상의 끝까지 가겠노라고 서로의 다짐을 가슴 깊은 곳에 심었다.

눈물에 옷자락이 젖어도
갈 길은 머나먼데….

함께 불렀던 노랫소리는 내 속에 남아 언제든지 입으로 토해낼 수 있는데, 내 손을 꼭 잡고 서로의 체온을 나누었던 그녀는 없다.

몇 해 전 나는 여행 중이었다. 그즈음은 혼자서도 이곳저곳 기웃거릴 줄 알게 되었고, 특별히 목적지를 염두에 둔 여행은 아니었지만 여행을 통해 내 마음은 평정을 되찾고 있었다. 혼자 걷다가 운이 닿으면 트럭이며 경운기를 타고 밀양 아리랑 고개를 넘기도 했다. 가지산에 닿아 가을 쑥부쟁이와 노을빛 인심에 젖어 마침내 산하를 예찬할 줄도 알게 되었다. 저녁 무렵이었나 보다. 나는 경내

약수터에 앉아 갈증을 축이고 있었고 공양 목탁 소리가 석남사를 가득 채우고 있었다. 그때였다. 공양 목탁을 두드리며 경내를 돌고 있는 비구승의 옆모습에서 나는 틀림없는 그녀를 본 것이다.

꿈속의 친구, 영희. 그녀는 내가 해운대로 이사를 가면서 알게 되었다. 달맞이고개 위의 작은 아파트에서 송정으로 가는 뒷길에 청사포靑沙浦라는 마을이 있다. 이름만큼이나 아름다운 포구—청사포는 새로운 나의 세계였다. 시골에서 갑자기 도시로 이사를 온 내게 낯선 바다는 갖가지 신비한 모습을 보이며 친숙해지려 애썼다. 두고 온 고향과 친구들 생각에 목이 멜 때면 바다는 뿌연 안개를 낳아 나를 숨겨주기도 했다. 가끔 돌아가신 아버지 생각에 가슴이 막히면 발등을 간질이고 도망가기도 했다.

그때, 바다 기슭을 자신의 영토처럼 모두 알고 있던 아이, 영희는 친절하게도 자신의 바다를 송두리째 내게 주었다. 그리고도 부족한 듯 청사포의 전설까지 들려주었다.

고기잡이 나간 지아비를 기다리다 망부석으로 굳어졌다는 허리 구부정한 소나무, 그 소나무가 자신의 엄마라며 품에 안고 무엇인가 소망을 말하곤 했던 그 작은 새.

나는 그녀와 함께 보낸 시절의 바다와 청사포의 전설을 오랫동안 잊지 못한다. 그리고 대학에서 그녀를 만났다. 그녀는 국문과에 재학 중이었는데 가끔 대학신문에 그녀의 시가 실리곤 했다. 그녀의 시에서는 '우리의 바다'가 느껴졌다. 세월 속에서, 풍랑 속에서도 우리를 이어주던 고리. 그러나 현실에서 닻을 내리지 못하는 그녀의 무모한 항해에 대해, 치열한 그녀의 삶에 대해 나는 아무 말도 할 수 없었다. 그녀 삶의 목소리가 커질수록 나는 점점 왜소해지는 자신을 타이르고 그녀 삶의 방식을 사랑하고자 나 자신을 태웠다. 훨훨.

노을이 진 하늘이 찢어지고 그 속에서 청보랏빛 이내가 선명할 때 나는 친구와의 조우를 그렇게 한 것이다. 파랗게 깎은 머리가 애처로운 스물넷, 비구승으로 새롭게 태어난 그녀가 아름다웠다. 낯빛은 화사하고 발그레한 기운마저 감돌았다. 내부에서 무언가 만족스러운 것이 가득 넘쳐흐르는 것으로 보였다.

작년에도 재작년에도 나는 그녀 가까이에 갔다가 오히려 돌아서 다른 절에 머물다 되돌아왔다. 어쩌다 그녀가 있다는 운문사를 향해 걷고 있는 자신을 발견하면 놀라곤 했다. 그러나 이제 나는 발걸음을 자유롭게 옮길 수 있을 것도 같다. 긴 햇살 아래 그녀가 경건히 부처님께 참배드릴 때 그녀의 손을 잡고 싶다. 그녀는 세상 밖에서, 나는 세상 안에서 결국 우리가 추구하는 것은 우리 안에 있음을 전하고 싶다. 타다 남은 심지, 타다 남은 소지燒指로써.

그는 어디에 있는가

저 황홀한 피리 소리를
나는 알고 있다.

그러나 나는 모른다.
누구의 피리인지는.

여기 등불 하나가 타고 있다.

불꽃의 심지도, 기름도 없이.
연꽃 한 송이가 꽃 피어난다.
물 밑바닥에 뿌리내림도 없이…….
한 송이 꽃이 열릴 때면
수 천 수 만의 꽃이 함께 열린다.

달새의 머리는 온통
달에 대한 생각만으로 가득 차 있다.
그리고 비새의 생각은 온통
다음 번 비가 언제쯤 내릴까 하는 것.

우리가 온 생애를 바쳐 사랑하는
'그'는 누구인가.

까비르의 시를 읽으면서 나는 몇 년 전의 '그'를 생각한다. 생활 속에서 문득문득 그의 남다른 아픔, 그 고통의 느낌을 떠올리면 가슴이 선연해진다.

6년 전 겨울, 그해는 전국적으로 눈이 많이 내렸다. 2월에도 부츠 발목까지 눈이 쌓였고, 나는 낯선 땅을 헤매고 다녔다. 지금처럼 생활정보지가 없었던 그때 나는 첫 발령지에서 방을 구하기 위해 지리산 자락의 바람을 맞으며 집집마다 대문을 두드렸다. 간혹 어설프게 열린 대문을 통해 얼굴을 내밀며 "방 있습니까?" 묻기를 얼마나 했을까. 시골의 어둠은 빨리 오고 쇠죽 끓이는 연기가 골짜

기마다 솟아올랐다. 어렵게 학교 가는 길에 방 한 칸을 구했다. 그리고 그 집에서 '그'를 만날 수 있었다.

185cm가 넘는 키에 수려한 용모를 지녔으며 대학 2년 휴학, 방위병 근무라는 것이 그의 이력서였다. 읍내 지리를 모르는 나에게 그는 좋은 안내자가 되어 주었다. 일제강점기에 세웠다는 낡은 다리, 그 위에 서서 경호강이 흘러가는 방향과 이곳 사람들의 삶을 잔잔하게 풀어놓기도 했다. 나는 이따금 읽고 있는 책 이야기를 하고 그는 음악 이야기를 하기도 했다.

그렇게 가을이 왔고, 가을에 우리 집에는 손님이 한 명 왔다. 그보다 한 살 어린 그의 이종사촌 여동생이 온 것이다. 목발 없이는 걷기에도 힘이 부친 여동생은 작고 여위었으나 눈빛은 심상치 않아 보였다. 아침저녁 식사 시간에 얼굴을 마주하면서도 한 번도 먼저 아는 체하지 않는 그녀에게서 나는 그녀가 세상에서 상처를 많이 입었음을 느낄 수 있었다. 우리는 함께 안개 자욱한 구름고개를 넘기도 하고 물수제비를 뜨기도 하면서 서로의 마음으로 걸어 들어갔다. 자전거 뒷자리에 그녀를 태우고 시골의 구석구석을 보여주는 그는 즐거워 보였다. 꼴짐을 지고 돌아오는 그의 곁에 쇠코뚜레를 쥔 절룩이는 그녀의 얼굴도 노을빛에 젖어 빛나고 있었다.

카슨 맥컬러즈가 쓴 〈슬픈 카페의 노래〉라는 희곡을 읽고 가슴 아렸던 시절이 있다. 사랑이 무엇인지 모르는 채, 오로지 그것이 이상이고 희생이며 무목적적인 것이라고만 알던 때에 나는 작품

속의 아멜리아와 라이먼에게 매료당했다. 그리고 처음으로 아멜리아라는 배역이 나에게 주어지기를 간절히 소망하면서 작품 분석에 합류했었다. 그러나 허망하게도 그 배역은 다른 사람에게 맡겨졌다. 결코 배우가 되고 싶었던 것은 아니었는데, 내가 그토록 아멜리아가 되고 싶었던 것은 무엇 때문이었을까.

라이먼은 꼽추다. 노트르담의 꼽추처럼 흉측한 모습은 아니었지만 그 역시 작고 볼품없이 초라한 장애인이다. 그리고 가난한 떠돌이다. 어느 날 아멜리아에게 왔다가 상처만 주고 떠났지만 그를 기억하는 아멜리아의 가슴에는 기다림이 남아 있다.

그녀가 부산으로 떠나고 그는 밤늦도록 돌아오지 않았다. 텅 빈 읍내 공중전화에 매달려 있는 그를 보는 날이 늘어났다, 촛불 아래서 밤을 지새워 편지를 짜내는 일도 잦아졌다. 급격하게 말수도 줄어들었다. 부쩍 성숙해버린 그의 눈빛, 고통을 참아내는 그의 입술, 그것을 보는 나도 목구멍이 아팠다. 그가 좁은 문으로 걸어 들어가고 있음을 감지했다. 그들 부모의 한숨 소리가 커질수록 나는 그도 가시나무새처럼 피 흘리며 괴로워하고 지낼 것이라 생각했다. 아무도 그들을 본 사람이 없다. 그들은 어디에 살고 있을까. 무엇을 하면서 서로의 상처를 쓰다듬을까. 세상의 도덕이 규정해 놓은 사랑이 아니라 그들만의 비극적인 사랑에 영혼을 태우는 그들을 생각하면 삶이 또 다른 무게로 짓누른다.

자신의 가슴을 몽땅 도려내도 후회하지 않는 그런 사랑을 하고 싶다. 그리고 그의 귀향도 꿈꾸어 본다. 소 울음소리가 주는 넉넉함, 외양간이 있는 집으로의 귀향—그 시간이 올 수 있을까.

에리코惠理子의 향기

희부연 어둠 속을 달려 태화 강가의 주차장에 닿았다. 먼저 도착한 사람들이 손을 흔들었다. 공항 버스에 짐을 실었다. 버스가 움직였다. 유리창 너머 햇살을 머금은 강물이 흐드러진 메밀꽃과 함께 하얗게 반짝였다. 초가을 바람에 흔들리는 메밀꽃이 에리코의 말을 하는 듯했다. 야사시데스네, 야사시데스네….

지난 9월, 일본 고베에 갔다. 내가 울산공항에서 그녀를 맞이했

듯 칸사이 공항에서는 에리코가 나를 맞아주었다. 에리코는 다시 나를 만나 행복하다며 예쁘게 웃었다. 이국이라서 그런지, 그녀는 오랫동안 만나지 못한 나의 연인 같았다. 공항버스 안에서 에리코는 두 손을 깍지 낀 채 뒤꿈치를 까닥이며 내 옆에 앉았다. 고베로 가는 길에 만난 오사카는 회색빛 바다가 먼저 눈에 들어왔다. 낯선 풍경이었지만 어느새 에리코의 마음처럼 다정하게 느껴졌다.

눈이 해맑은 에리코는 우리가 처음 만났을 때도 잘 웃었다. 감은사지 앞에서 복숭아를 사서 씻어 주었을 때나, 불국사에서 함께 사진을 찍을 때도 금붕어처럼 소리 없는 웃음을 입에 물고 있었다. 석굴암 가는 길에서 다람쥐를 만나자 까르르 깔깔, 다람쥐 쳇바퀴 돌아가는 소리로 웃어댔다. 그녀가 학교 간 국제 교류를 마무리하고 울산공항에서 헤어질 땐 기어코 눈물을 보였다. 그녀는 눈물을 흘리면서 내 목을 껴안았다. 그리고 이별의 선물을 건네주었다. 패랭이꽃 그림이 환한 빨간 손수건 한 장과, 금붕어가 자유롭게 헤엄치는 파란 손수건 한 장이었다. 패랭이꽃—한때 내 별명이었다—과 금붕어, 그녀와 나를 상징하는 느낌이 들어 나도 모르게 손수건을 꼭 쥐었다.

에리코는 한국에서 만났을 때보다 더 예쁘고 세련되어 보였다. 저녁 어스름이 그녀를 예쁘게 만든 걸까? 내년 2월쯤에 아기 엄마가 된다고 자랑했다. 아기를 가진 그녀의 배를 잠시 바라보다가 우리는 저녁을 먹었다. 소설 ≪냉정과 열정 사이≫에 대해 이야기를 나누었다. 가부키와 게이샤에 대한 이야기도 했다. 그녀는 한국 문화에 대해 관심이 많았다. 한국 민요와 텔레비전 연속극에 대해서도 관심을 가졌다. 그녀가 금붕어 같은 입을 열어 내 귀에 익숙한 노래를 흥얼거렸다. "나를 버리고 가시난 니멍 싱 리도 모오 가서 바뱅난다. 아리라앙…." 낮고 잔잔한 목소리지만 슬프지 않게 들렸다.

다음 날, 고베시의 자매 학교인 고호쿠 고교를 방문했다. 강당에는 전교생이 멋지게 줄지어 서 있었다. 들뜬 마음으로 사뭇 긴장한 채 들어가자, 밴드부의 웅장한 연주가 가슴 밑바닥을 울렸다. 꿈결에서 듣는 에밀레종 소리 같았다. 환영사를 듣고 인솔한 학생들과 함께 무대 위에 올라가 '아리랑'을 불렀다. 에리코는 무대 아래에서 웃음을 띠며 행사를 진행했다. 오후에는 고베 바닷가에 갔다. 푸른 물결 사이로 넘쳐흐르는 핏빛 마그마가 뜨거웠음직한 항구다. 바다 기슭이 오랜 고통의 시간을 참아내고 마침내 강아지풀들을 키워냈다. 보슬보슬한 솜털이 손끝으로 느껴져 왔고, 그 느낌은 어린 시절 지나다니던 해운대 달맞이고갯길에 핀 강아지풀의 감촉이었다. 나는 강아지풀을 꺾어 에리코의 볼을 부드럽게 비볐다. "오, 야사시데스네, 야사시데스네!" 그녀야말로 간지러울 때조차도 예쁜 금붕어였다.

저녁에는 비가 내리는 이쿠즈 거리를 걸었다 젊은이들이 부슬거리며 돌아다니고 있었다. 검정색 바탕에 단순한 얼룩무늬들이 돋보이는 차림의 남녀들이 떠다녔다. 사람들이 스쳐 지나갈 때마다 우산들이 빙글빙글 돌아가고, 스쳐가는 사람들은 무성영화의 장면처럼 조용히 움직였다. 길가에 늘어선 사람들은 비를 맞아가면서도 자기의 가게를 알리는 데 열심이었다. 화려한 사진이 붙여진 현장구매 광고판들이 경쾌하게 움직였다. 그녀와 나는 연인처럼 팔짱을 끼고 걸었다. 이쿠즈 거리가 우리 두 사람을 둘러싼 채 카메라 앵글을 계속 돌리고 있는 듯했다. 밤 8시, 우윳빛 네온사인이 흐르는 거리에서 두 남녀가 바짝 몸을 붙인 채 키스를 하고 있었다. 백인 남자와 일본인 여자로 보였다. 우리가 그들을 보는데, 빙글빙글 그녀와 나를 향한 이쿠즈의 시선들이 앵글을 돌리며 다가오는 듯한 착각에 잠시 어지럼증을 느꼈다. 야사시데스네, 야사시데스네….

호텔로 돌아와 창문을 열었다. 고요한 밤, 창문 너머로부터 이국의 밤이 소리 없이 내게 흘러 들어왔다. 외인촌의 불빛과 고베타워가 불빛에 춤을 추듯 반짝였다.

다음 날 아침, 우리는 교토로 갔다. 청수사淸水寺는 쇼군의 갑옷을 입고 추상 같은 기개를 자랑하는 듯 웅장한 절이엇다. 기요즈미의 삼중탑은 더 이상 주황색의 제 빛깔을 나타내지 않을 정도로 낡아 있었다. 경주의 감은사지 삼층석탑이 떠올랐다. 본당은 우리 절들처럼 쇠못을 사용하지 않고 나무로만 이어서 지은 양식이었다. 너그러운 자태의 부석사 무량수전이 빛나고 있는 듯했다. 본당에는 교토 시내를 내려다볼 수 있는 공연장이 있었다. 절벽에서 15m가량 돌출되어 있는 무대였다. 내가 무대로 올라가자, 에리코가 위험하다며 장난스럽게 비명을 질렀다.

인근에 있는 금각사金閣寺의 정원과 건축은 극락정토를 현세에 표현했다고 한다. 연못은 그 어울림이 예술적으로 완벽한 짜임새를 보여, 아름다운 여인이 남자를 안고 있는 듯 황홀하게 느껴졌다. 절의 지붕 꼭대기에는 금빛 봉황 한 마리가 조각되어 있었다. 구만리 창천을 날아올라 교토의 땅을 극락정토로 다 덮고도 남을 만큼 큰 날개를 펼칠 듯 말 듯….

"이 선생님, 겨울방학 때 일본에 또 올 수 있어요? 그땐 제 배가 많이 불러 뚱뚱하겠지만 그대로 만나고 싶어요."

에리코의 목소리가 지금도 들린다. 10년 전의 만남도 아니고 겨우 두 달 전에 처음 만나서 경주와 교토에 갔을 뿐인데, 에리코와 나 사이는 오랜 친구 같다. 그녀를 통해 일본의 말과, 문화와, 풍속의 따뜻한 향기를 맡게 되었다. 겨우 입안에서 우물거리던 일본 말들이 제법 자연스럽게 발음되어 나왔다. 스스로 일본 지도 안으로 들어가지 못하고 웅크려 있던, 그저 바라보기만 하던 내가 이국인을 향해 손을 내밀었다. 돌아오는 길, 공항에서는 내가 에리코를 꼭 안았다.

비행기는 칸사이 공항에서 점점 멀어졌다. 에리코의 맑은 눈이 하늘 위에서 꽃잎처럼 쏟아져 내렸다. 창밖에는 바다만 파랗게 빛나고 있었다. 시공이 멈춰버린 아뜩한 공간에서 에리코를 만난 시간이 꽃부채처럼 곱게 펼쳐졌다 접히면서 시아에서 사라지고 있었다.

야사시데스네, 야사시데스네…. 올 겨울에 다시 만날 것을 생각하니 벌써 에리코가 보고 싶다. 다시 만나는 그날 첫눈이 오면 좋겠다. 그녀를 기다리며 나는 찻잔에 물을 붓는다 그녀에게서 받은 말차를 타서 마신다. 에리코의 향기가 난다.

봄을 앓다

벚꽃 향기가 어지럽다. 자갈색 나무껍질 옆구리로 꽃송이를 터뜨린다. 기지개를 켜고 생명의 소리를 질러댄다. 햇살 아래 가만히 꽃이 핀 자취를 보는데, 느닷없이 며칠 전에 보았던 노인의 모습이 떠오른다.

아침 출근길이었다. 오랫동안 찌푸렸던 날씨는 그날 아침 안개비로 내리고 있었다. 시야가 뿌옇게 흐린 길에서 신호를 기다리고 있었다. 신호를 기다리는 일에 익숙해진 출근길, 별 생각 없이 음악을 들으며 창밖을 바라보았다. 순간, 만화의 한 컷처럼 빈 유모차를 앞세우고 걸어가는 흰머리가 보였다. 요즘 보기 드물게, 허리가 많이 휜 할머니였다. 발치를 내다보며 걷던 할머니의 공허한 눈빛과 마주치자 잊고 있었던 아픔이 되살아났다.

작년 4월에 시아버지의 부음을 들었다. 2주 동안 감기를 앓다가 패혈증으로 갑자기 돌아가셨다. "여보, 아버지가 돌아가셨어."

직장에서 남편의 전화를 받았을 때 감정적으로는 아무것도 느낄 수 없는 상태인데, 온몸에서 힘이 빠지고 가슴이 떨려왔다. 특별휴가 절차를 밟고 학교를 빠져나왔다.

남창에서 시내로 가는 길은 벚꽃이 활짝 피어 있었다. 희부연 꽃길에 둘러싸인 채 운전대를 놓았다. 죄책감과 슬픔이 속 깊은 곳에서 팔다리까지 전해왔다. 어제까지만 해도 중환자실에서 힘들게 숨을 쉬시는 아버님을 보면서도 고집스레 마음을 달랬다.

"건강해지실 거야." 아버님의 죽음을 마주 보기 어려워 병원 주차장에 한동안 앉아 있었다.

평소에 건강을 자신했던 분이어서 가족 모두 정신이 없었다. 남편도 나도 아버님의 죽음을 실감하지 못하다가 입관하는 순간에 시누이의 슬픈 곡소리에 정신이 들었다. 아! 아버님이 돌아가셨구나.

거구였던 아버님이 한줌 재로 변하셨다. 화장터에서 가벼워진 아버님의 육신을 들고 내려오는 길, 벚꽃이 바람에 날리며 흩어지고 있었다. 국립대전현충원으로 가는 길은 온통 꽃 잔치였다. 운구차에 앉아 바라보는 바깥 풍경은 내가 처한 상황과는 너무도 대조적이었다. 햇살 아래 꽃들이 탄생의 노래를 부르고 있는 듯했지만 우리 가족 모두는 느닷없는 아버님과의 이별을 겪고 있었다. 한 평 반 땅속에 아버님을 안치했다. 시동생이 화사한 꽃으로 비석을 꾸몄다. 돗자리를 깔고 온가족이 마지막 절을 올렸다. 황토 속에서 아버님의 따뜻한 체온이 전해오는 듯했다. 우리는 다시 차에 올랐다.

아버님을 내려놓은 차 안은 텅 빈 느낌이었다. 가족을 잃은 슬픔을 못내 떨치려는 듯 돌아오는 차 안에서 모두 잠에 빠져들었다. 나는 꿈 없는 노곤한 잠을 자다 깨었다. 창밖은 여전히 화창했다.

"빠앙!" 뒤따라오던 차가 경적을 울렸다. 빈 유모차를 밀며 느리게 길을 건너는 할머니를 보는 순간, 건강한 모습 그대로 저세상으로 떠나신 아버님의 모습이 겹쳐졌다. 낡은 몸을 지탱하기 위해 밀고 다니는 도구가 하필 유모차라니. 세상 구경을 시작하는 아이의 밝은 웃음이 노인을 저세상으로 즐겁게 끌어가는 것만 같다.

어제 큰아들이 군대에 갔다. 학생들과 수련회에 가야했기에 아들이 떠나는 모습을 볼 수 없었다. 아들은 제 아버지와 함께 훈련소가 있는 의정부로 아침 일찍 떠났다. 오후 1시 28분, 작별시간이라며 전화를 걸어왔다. "엄마, 이제 들어가요. 잘하고 올게요." 주위에 웅성거리는 소리 때문에 아들의 목소리를 제대로 느끼기 어려웠다.

화창한 봄빛 속을 걷고 있는 내 존재가 흔들리는 듯하다. 지진이 난 것 같기도 하고 산불이 난 것 같기도 하다. 아직 이별의 슬픔과 고통에 오롯이 닿지 못한 채 그저 '봄을 앓고 있다'고 느낀다.

세상에서 가장 아름다운 그녀

저녁 설거지를 하다가 아끼던 접시를 깼다. 결혼할 때 샀던 얇은 하얀 민무늬 접시였다. 새로 구입한 꽃무늬 접시들 속에서 고고함을 잃지 않던 접시였다. 어떤 음식을 담아도 음식의 빛깔을 돋보이게 해주던 접시였다. 때로는 단조롭고 맑은 모습에 음식의 향기마저 느끼기도 하였다. 오랜 세월 나와 함께 식탁을 장식하던 낡은 접시가 "쨍그랑" 두 조각으로 깨져 싱크대에 떨어지는 소리가 마음을 흔들었다.

그녀가 떠났다. 수선화 꽃잎같이 옅은 미소를 짓던 그녀. 조용히 떠나고 싶다며 공식 행사를 손사래 치던, 가난한 아이들에게 교복을 맞추어 주라며 기어이 송별금을 도로 내어놓던 그녀. 장미꽃 한 바구니가 그녀의 뒤를 따랐다.

봄에 전근을 오면서 그녀를 만났다. 낯선 교무실 한쪽에서 나는 한지 같은 은은한 미소를 짓던 그녀와 같은 부서에서 근무하게 되었다. 큰 소리로 말하지도 웃지도 않아서 늘 내가 조심스러워졌다.

새로운 학교에 적응하느라 정신이 없던 나에게 드문드문 얘기를 던졌지만 나는 뭐라고 대답했는지 기억이 없다. 그런데 쉬는 시간에 학생들이 자주 그녀를 둘러싼 모습을 보았다. 남학생들은 보기에도 더러운 때 묻은 바지의 솔기를 꿰매어 달라고 서있고 여학생들은 터진 치맛단을 붙잡고 서 있었다.

재잘거리는 아이들 틈에 앉아 바느질을 하는 그녀의 모습은 참 인상적이었다. 단순한 수선이 아니라 바늘에 마음을 담아 한 땀 한 땀 이어가듯 정성이 깃들어 보였다. 이불 호청을 바느질하던 엄마의 표정처럼 맑고 신비스러웠다.

여름이 되어서야 바깥으로 점심을 먹으러 갈 기회가 있었다. 오랜만에 마음의 빗장이 스르르 풀렸다. 그녀는 의상디자이너가 되고 싶었다고 한다. 스케치북 가득 꿈과 열정을 그렸다. 그러나 대학 진학을 결정하는 순간, 엄마의 얼굴을 떠올렸다. 평생 자식을 위해 희생하시는 엄마의 고생을 외면할 수 없어 교사가 되었다. 짧은 순간 그녀의 얼굴을 스치고 지나는 슬픔, 꿈을 이루지 못한 한 사람의 얼굴이 내 마음에 풍경소리처럼 울렸다.

친정의 둘째 언니가 떠오른다. 학교 다닐 때에 1등을 놓쳐본 적이 없던 언니. 작은 몸에 어디서 그런 힘이 나는지 낮에는 공장에서 경리 일을 보고 밤에는 야간 고등학교에 다녔다. 선생님이 되고 싶었던 언니의 꿈은 엄마 때문에 좌절되었다. 대학에 합격했지만 엄마는 합격증을 찢어버렸다. 밤마다 이불 속에서 소리 내어 울던 언니와 밤이면 언니의 울음소리가 서러워 리시버를 귀에 꽂고 '별이 빛나는 밤에'를 들으며 뒤채던 내 잠 못 이루던 밤들….

지난가을에는 좀더 마음의 여유가 생겼다. 옹기마을이 제 빛깔로 반짝이는 모습이 눈에 들어왔다. 옹기마을은 엑스포를 준비하느라 분주했다. 날이면 날마다 달라지고 있었다. 아스팔트가 까맣게 단장을 하고 버스 정류장 의자가 예쁘게 손님들을 기다리고 있었다. 가우라(야생화)가 아침마다 바람에 흔들리며 날 길안내를 하였다. 옹기마을로 출근한 뒤로 봄, 여름이 가고 가을이 온 것이다. 그녀는 변함없이 아이들의 옷에 바늘로 마음을 엮는다. 백조 같다.

언니는 몸이 부서지도록 애를 썼다. 바위에 떨어진 솔씨가 바람에 흔들리며 뿌리를 내리려고 안간힘을 쓰듯 세상의 비와 눈보라 속에서 꽃을 피우려고 고통을 삼키며 웃고 있었다. 마법에 걸린 오빠들의 옷을 짓느라 손가락이 바늘에 찔린 줄도 모르던 오데트

공주 같던 언니. 언니는 지금 무슨 꿈을 꾸고 있을까.

출근하는 길이 새하얗다. 무서리가 저리 내려 마치 첫눈이 내린 듯 배추밭이 하얗게 물든 길을 따라 나는 학교로 들어간다. 포트에 찻물을 붓고 그녀에게 한잔을 권했다. "나, 명퇴 신청했어." 그녀의 눈빛이 호수처럼 일렁이며 흔들린다. "축하해요. 이제 하시고 싶은 일 하시면 되겠네요."그녀를 뒤에 남겨놓고 나는 교실로 올라갔다.

"똑, 똑" 교실 문을 열었을 때, 악독한 마법사에게 쫓기는 한 마리 백조같이 서 있는 그녀를 보자 내가 얼마나 무심하게 그녀의 마음을 외면했는지 알 수 있었다. 그녀는 후회하고 있었다. 이 호수를 떠나고 싶어 하지 않았다. 호숫가에서 춤추고 있는 어린 백조들과 헤어지고 싶어 하지 않았다. 오래오래 마법에 걸린 채 못다 춘 춤을 추고 싶어 했다.

다음 날, 그녀가 교문 앞에서 마지막 교통정리를 하는 모습이 눈에 들어왔다. 등굣길 학생들이 다치지 않도록 형광 막대기를 흔들며 이리저리 자동차 운행을 통제하고 있다. 어린 아이들 틈에서 있는 그녀의 얼굴이 마치 내 민무늬 접시처럼 정겹다. 아이들 속에 어울려 살아가는 모습이, 그녀가 그토록 떠나고 싶어 하지 않던 학교에 머물러 있었다. 더 춤을 추고 싶던 호숫가였다.

그녀가 떠난 학교, 그녀 앉았던 자리 뒤로 옷을 벗은 벚나무 한 그루가 눈에 들어온다. 봄과 여름, 가을과 겨울을 건너는 동안 그녀는 귀밑머리 하얀 황혼으로 물들었을 것만 같다. 그녀가 기다려진다. 그녀와 같은 공간에서 숨 쉬고 같이 춤출 때 그녀의 소중함을 나는 왜 몰랐을까.

삶은 때로 돌아오지 않는 누군가를 기약 없이 기다리는 일의 연속일 때가 있다. 나는 떠난 그녀와 꿈을 이루지 못한 작은언니를 기다린다. 길을 잃고 방황하는 영혼을 위해 구원의 나침반이 되어 별들이 반짝이듯이 지상의 끝, 어딘가에서 두 사람을 다시 만나고 싶다. 그들과 어울려 함께 추어 본 적이 없는 우리만의 춤을 추고 싶다.

오늘, 또 한 사람이 학교를 떠났다.

조카와 준수

빗속을 달린다. 안개가 자욱해 앞이 보이지 않는 방어진 해안도로. 차르르르… 자동차 바퀴에 빗물 쓸리는 소리가 난다. 바닥에 괸 물이 앞지르는 차바퀴에 튕겨 차창을 덮친다. 앞이 안 보인다. 핸들을 꽉 잡은 채 브레이크를 밟는다. 천천히 속도를 내면서 앞차와 간격을 유지한다. 뒤차를 위해 깜빡이를 넣으면서 여유를 찾으려고 심호흡을 한다. 지각에 대한 걱정을 내려놓고, 안

전만을 떠올리며 천천히 달려간다.

학교에 무사히 도착해서 주차를 하고 연구실로 올라왔다. 창문을 조금 열고, 에어컨을 켰다. 물을 끓이고, 원두커피를 갈고, 드리퍼에 여과지를 넣고, 포트를 기울여 동심원을 그리며 커피를 내렸다. 고흐의 아몬드나무가 디자인 된 잔에 커피를 따른 다음 비 내리는 창가를 바라본다. 입속에 퍼지는 커피 향 덕분에 마음이 진정된다. 빗방울이 창문에 맺혀 창 밖 풍경과 나를 분리시킨다. 방금 빗속을 달려온, 그 불안하던 시간은 어디론가 사라지고 지금 나는 행복하다.

6월에 큰조카가 결혼을 했다. 어릴 적부터 내겐 아버지 같은 큰오빠의 장남. 마흔이 넘어서도 결혼할 생각이 없던 조카는 오랫동안 방황했다. 여러 번 고비를 넘긴 큰오빠의 사업 때문에 어린 조카들은 여기저기 이사 다니느라 한곳에 정착하기 어려웠다. 조용하고 사려 깊은 조카는 삼십 대 후반에는 미얀마에서 1년 정도 수도자의 삶을 살기도 했다.

사업을 성공시켜 행복하게 살고 싶었던 큰오빠와, 방황을 끝내고 한곳에 뿌리내리고 싶었던 조카는 동전의 앞뒤처럼 닮았다. 장남이라는 굴레를 벗어던지기 어려웠던 걸까. 조카는 어른이 되어서야 자유롭게 둥지를 떠날 수 있었다. 큰오빠는 대학 4학년 여름에 아버지를 여의고, 동생 여섯과 홀어머니를 책임져야 했다. 큰오빠가 짊어진 등짐은 얼마나 무겁고 힘에 겨웠을까.

큰오빠는 우리 앞에서 언제나 멋졌다. 앤서니 브라운의 ≪우리 아빠≫처럼 무엇이든지 척척 해결해 주는 천하무적이었다. 큰오빠는 우리 형제들에게 햇살처럼 따뜻하고, 여우비처럼 섬세한 마음으로 아버지를 대신했다. 월급날 저녁이면 대문 앞에서 기다리는 동생들을 잊지 않고 큰 수박을 사들고 함박꽃처럼 웃으며 들어왔다. 그 화채 한 그릇이 더위를 물리치게 해주었다. 오빠와 함께 사는 시간이 참으로 행복했다.

큰오빠는 결혼을 한 이후로 서울에 터를 잡고, 우리와 헤어져 살게 되었다. 엄마와 우리 자매는 부산 작은오빠 집에서 새롭게 적응해야 했다. 공무원이던 작은오빠의 박봉에도 우리 식구는 소박하게 즐거운 생활을 시작했다. 해운대 바다가 보이는 열세 평 좁은 아파트에서 우리 가족은 수박화채로 더위를 식히며 깔깔거렸다. 겨울철 매서운 바람에도 서로 모여 앉아 이야기를 하며 온기를 나누었다.

불행은 예고 없이 찾아왔다. 야간자율학습을 끝내고 현관문을 열고 집으로 들어서는 순간, 큰오빠의 구두가 보였다. 가지런한 오빠의 구두를 발견한 기쁨도 잠시 목욕탕에서 들리는 소리, 흐르는 물소리에 잠겨 남실대지만 들릴 듯 말 듯 가슴을 도려내는 서러운 소리, 들키지 않으려 세숫대야에 고개를 숙이고 소리 죽여 우는 소리가 났다. 그 울음소리는 내게 폭풍우같이 들렸다.

우리 집안에 쏟아 부은 그 장대비를 우리는 고스란히 맞았다.

우산도 없이 빗속에 내몰려 비에 흠뻑 젖고서도 오빠에게 묻지 못했다. 우리에게 무슨 일이 일어났는지? 작은오빠에게는 무슨 일이 벌어졌는지? 졸지에 직장을 잃은 작은오빠. 우리는 시대의 칼날은 보지 못했고, 우리를 덮친 쓰나미 속에서 그저 살아남아야 한다는 일념으로 각자의 삶으로 다시 돌아갔다.

며칠 전이다. 농수산물 시장에서 수박을 고르느라 정신이 없을 때에 전화가 걸려왔다. "이종화 선생님, 저 준순데요. 절 기억하시겠어요?" "그럼, 기억하고말고." 준수의 얼굴이 검정 줄무늬가 싱싱한 수박 사이로 떠올랐다.

10년 전 특성화고등학교 3학년 담임을 맡아 학생 서른두 명의 집집을 가정방문했다. 멋지게 나이키를 입고 다니던 청운이가 살던 학성동의 한 칸짜리 방도 보고, 강원도에서 전학 와 식당 일을 하는 철화 어머니의 고단함과 철화의 외로움도 만났다. 그러나 유독 준수가 기억나는 것은, 연립주택에서 살던 준수의 조부모와 어린 여동생 덕분이다.

연세가 많으셨지만 예의 바르시고 품격이 느껴졌던 준수 할아버지는 준수 아버지의 경제적 몰락 이후에 어린 손자들을 교육하며 집을 지키셨다고 한다. 초등학교 저학년이었던 어린 여동생은 내 옆에 앉아 이야기에 귀를 기울였다. 귀공자처럼 자란 준수가 갑작스런 집안의 몰락으로 충격을 받아 마음을 잡지 못한다는 할아버지의 말씀에 고개를 끄덕였다.

학비와 용돈을 벌기 위해 주유소에서 아르바이트를 한다는 준수. 학교 공부에 흥미가 없고 자주 엎드려 자는 모습을 보면서 나는 준수가 마음을 다잡기를 기다렸다. 그러나 준수는 삐딱한 친구들과 사귀고, 야릇한 옷을 입고, 종잡을 수 없는 음악을 들으며, 십대를 보내다가 겨우 졸업을 했다.

졸업식 전날 밤, 나는 촛불을 켜고, 우리 반 서른두 명의 준수에게 편지를 썼다. 각자의 꿈이 이루어져서 사회에서도 환하게 빛나는 사람이 되기를 빌었다.

훌쩍 10년이 흘렀다. 준수가 이번 주 토요일에 결혼을 한다. 대학을 졸업하고 취직을 하고 사랑하는 여자를 만나 가정을 꾸리는 것이다. 안전한 둥지를 찾아 쉬고 싶었던 준수의 꿈이 이루어지려나. 준수는 그간 간직하고 있던 고등학교 소풍 사진과 편지를 메시지로 보내왔다. 오래전에 내가 보낸 편지를 다시 보니 마음이 참 야릇했다.

결혼식에서 본 조카의 표정이 떠오른다. 아주 어린 시절에 보던 행복한 얼굴이다. 세상을 다 얻은 듯 충만한 눈빛을 신부에게 보내는 조카를 보는 순간, 신랑의 얼굴에서 한 송이 꽃이 핀 착각에 빠졌다. 배롱나무 꽃그늘에 앉은 듯 황홀함이 나를 에워싸고, 어느새 꽃은 매끈한 가지를 물들이며 나무둥치와 보이지 않는 뿌리를 치유하기 시작한다.

세상 모든 사람은 크고 작은 상처를 지니고 있다. 그걸 햇살에 쉽게 드러내는 사람이 있고, 말하지 못하는 사람이 있고, 끝내 숨기는 사람도 있다. 그러나 상처는 한순간 그것을 마주하면서 아픈 그대로 끝나지 않고 오히려 사람을 성장시킨다.

새 출발을 다짐하는 내 조카와, 제자 준수의 삶이 환한 꽃으로 피어나기를 바란다. 두 사람의 삶이 어떤 고난 속에서 커 왔는지를 알고 있기에 축복을 비는 마음이 간절하다. 어린 시절에 미처 몰랐던, 큰오빠가 져온 무거운 등짐을 두 사람은 내려놓기를, 그리고 천천히 넓은 세상으로 걸어가기를.

해후

사람들은 누구나 잊히지 않는 기억이나 추억을 간직하고 있다. 그것이 예민한 청소년기의 체험에서 그리움을 품은 대상과 연관된다면 그 절실함이 남아 있기 마련이다. 내게도 그런 선명한 추억이 하나 있다.

대학 1학년 때의 일이다. 가난과 수줍음으로 가득 찼던, 내가 스무 살이던 첫 봄. 내 마음은 선뜻 대학 문 안으로 들어서지 못했다. 입학식을 했음에도 마음은 문밖에서 서성거리고 있었다. 4년을 혼자 힘으로 버텨낼 수 있을까? 휴학계를 내야 하나, 어쩌나 하는 고민으로 내 미간은 자주 찌푸려지곤 했다.

어느 날, 무턱대고 성당에 갔다. 아무도 없는 성당 안에서 홀로 두 손을 모았다. 울면서 기도를 했다. 얼마나 시간이 흘렀을까. 고요하던 성당이 일제히 살아 움직이는 듯했다. 밝게 웃는 소리, 이야기 소리가 들려오고, 헤어지는 인사를 나누는 웅성거림도 느껴졌다. 어디에서 들려오지? 조용히 계단을 딛고 조심스레 소리의 근원지로 다가갔다. 비밀스런 일을 엿보듯이 내 가슴은 쿵쿵 뛰었다. 계단은 지하실로 연결되어 있었다. 지하실에는 교실처럼 칠판이 있고, 낡은 책걸상이 스무 개 정도 놓여 있었다. 삐걱거리는 책걸상을 정돈하느라 그는 인기척을 느끼지 못하는 듯했다.

"여긴 뭐하는 곳이에요?"

"야학입니다."

낯선 방문객의 질문에 그는 친숙한 목소리로 대답을 해 주었다. 새치가 있어 나이가 들어 보였지만 검정 안경테 너머 자그마한 눈은 진지하게 반짝였다.

"사는 게 너무 고단해요."

오랫동안 그를 알고 지냈던 것처럼 마냥 편하게 내 속을 털어놓았다.

"이곳에는 우리보다 더 힘든 사람들이 많아요. 어려움은 나누면 절반이 되니까 함께 이겨 나갑시다."

그는 나를 선뜻 위로해 주었다. 마침 국어를 가르칠 사람이 필요했다며 맡아 보라고 한다. 갑자기 나는 '청명야학'의 교사가 되었고, 그의 길동무가 되었다. 경험도 각오도 없이 덜컥 선생님이 된 것이다. 중학교 검정고시 준비반인 학생들은 대부분 나보다 나이가 많은 사람들이었다. 공장 근로자들이 많았지만 휴지 판매원 등 자영업을 하는 아저씨들도 있었다. 남루한 살림살이 덕분에 초등학교 문 앞에도 가보지 못했다는 그들의 이야기를 듣고서야 나는 상아탑에 있는 나 자신이 얼마나 편한 그늘에서 살고 있는지 깨달을 수 있었다. 10시간 노동에, 잔업까지 하면서도 향학의 꿈을 이루려는 그들에게서 갈맷빛 능선을 보는 듯했다. 산봉우리에 닿으려고 노력하는 야학 학생들에게 황금다리를 놓아 주기 위해 그와 나는 몸부림쳤다. 월계관을 향해 달리는 마라토너가 그랬을까. 겨울에는 추위를 이기려고 손을 비비며 체온을 나누어야 했다. 후조처럼 서로의 부리를 얹을 수 없음에 애태우면서 낡은 난로의 초라한 열기만으로 만족해야 했다. 한여름에는 더위와 졸음에 시달리다가 지하 교실에서 그대로 잠들어 버린 적도 있다. 누군가 합격하면 그 기쁨에 울고 실패하면 슬픔을 덜어 주느라 내 어깻죽지가 내려앉던 나날. 하늘이 뿌옇게 흐려 있어도 우리에겐 희망이라는 푸르름이 묻어났는데, 성당 사정으로 야학을 더이상 운영할 수 없게 되었다. 아니 성당의 사정이 아니라 시대적 상황이었을 것이다.

대학생과 노동자들의 만남을 순수하게 보지 못했던 시절이었으니까. 그렇게 대학 생활의 절반을 보냈다.

주어진 공간을 지키기 위해 노력했으나 현실의 벽은 견고했다. 결국 우리는 헤어졌다. 예정된 시간 속에 살고 있음을 깨달으면서 그들과의 이별은 왜 준비하지 못했을까. 내 인생의 화려한 봄날로 기억되는 야학생활을 고이 접고 나는 현실로 돌아왔다. 몇몇 사람들이 찾아와서 야학을 재건해야 한다고 말했지만 나는 시대의 흐름에 따르겠다고 어른처럼 이야기했다.

지난겨울, 10년 만에 그를 결혼식장에서 만났다. 사실 결혼식에 가면서도 나는 몇 번이고 망설였다. 분명히 그가 축하객으로 올 것이라 생각하니 마음이 무거웠다. 솔직히 그를 편하게 대할 자신이 없었다. 내게는 섬광처럼 지나 버린 10년이라는 세월이 그에게는 굼실굼실 느리게 흘렀을지도 모른다는 생각이 들수록 더 그랬다. 그러나 더 늦기 전에 그를 한번 보고 싶다는 갈증은 물푸레나무처럼 내 가슴 속에 뿌리내리고 있었다. 나는 용기를 내기로 했다. '부딪혀서 깨져 보는 거야.' 오랜만에 옛날의 신조도 되살아났다. 부산으로 가는 2시간 동안 머릿속이 복잡했다.

그를 만나고 돌아오면서 자신을 되돌아보게 되었다. 나는 과연 어떤 모습으로 굳어져 있는가? 내가 처음으로 가르치는 일의 보람과 사명감을 느끼며 일했던 야학 시절의 다짐은 여전한가? 혹시 현실과 타협하며 무사안일하게 적당히 월급봉투나 챙기고 있거나, 학생들의 고민을 외면하고 살아왔던 것은 아닐까.

후드득 별이 돋는다. 밤하늘에 별처럼 가끔은 보이지 않던 내 꿈도 머잖아 환하게 길을 밝힐 것으로 믿는다.

3.

노랑머리 은희

어떤 희망의 말로 연어의 가슴이 따뜻해질 수 있을까. 내 작은 사랑이 연어에게 닿기를 기다리는 것은 단지 나의 바람일 뿐, 연어는 혼자 자라서 제자리로 회귀할 것이다, 모천으로. 늘 그랬듯이, 아이들은 저절로 몸이 크고, 사랑은 그 사람을 움직이는 마음이니까.

노랑머리 은희

교무실의 책상 서랍을 정리하다가 낡은 수첩 한 권을 발견했다. 5년이 더 지난 수첩을 펼치는 순간, 밀물처럼 밀려오는 아이의 얼굴이 있다. 1995년 신입생, 1학년 2반, 54명의 사진 속에 그림처럼 제자리에 있는 한 아이의 얼굴. 13번 김은희(가명). 단발머리에 크고 깊은 두 눈을 가졌다. 은희에 대한 기록들이 수첩 두 장에 걸쳐 빽빽이 적혀 있다. "○○중 출신, 입학 당시 성적 우수자, 가정 형편 어려움. 3월 11일 부모의 불화로 의기소침한 모습, 잘 극복해야 한다고 위로해 줌. 5월 15일 효행상 수상. 할머니의 병간호를 잘한다고 격려해 줌. 6월 가출. 서울에 있는 중국집에서 배달원으로 일함….”

은희에 대한 기록들은 11월 30일까지로 되어 있다. 그날 은희는 학교를 자퇴했기 때문이다. 은희의 자퇴로 나는 오랫동안 담임으로서 무능함에 시달렸다. 주위에서는 최선을 다한 것이라고 격려해 주었지만 다른 사람들의 말은 위안이 되지 못했다. 6년 동안 경남 산청에서 남자 고등학생들을 가르치다 울산에서 여고생을 만나게 되어 얼마나 설레었던가. 그런데 신설학교에서 담임을 맡은 첫해, 내 반 아이가 학교를 그만두다니. 그때의 좌절감은 교직에 대한 회의를 갖게 했다. 나는 교육학을 전공한 사람이고 타 교과목의 교사들과는 뭔가 달라야 한다고 나름대로 생각하고 있었기 때문이다. 내 반 아이들에게 “기쁨을 나누면 두 배가 되고 슬픔을 나누면 절반이 된다.”고 늘 말할 수 없다면 교사라는 것은 도대체 무엇인가. 슬픔을 나누면 절반이 된다는 나의 간절함도 은희라는 열일곱 살 소녀에게는 도움이 되지 않는 한낱 구호에 불과한 것이 되고 말았다. 열일곱 살이 감당하기에는 너무나 가슴 아픈 이야기들을 들으면서 내가 먼저 한계를 느껴야 했으니까.

은희에게는 10년 동안 중풍으로 누워 계신 할머니가 계셨다. 포장마차를 하는 어머니. 아버지는 하는 사업마다 실패를 할 뿐

아니라 이웃집 여자와 바람이 나 집에도 잘 오지 않았다. 언니들은 시집을 갔고, 막내인 은희는 중학생 때까지 외톨이가 되어 할머니와 집에서만 지냈다. 그러나 원하지 않았던 실업계 고등학교 진학부터가 힘들었고, 만나기만 하면 싸우는 부모와, 누워만 있는 할머니의 똥오줌까지 은희의 차지였으니 더 말을 해서 무엇하랴. 그 조용하고 사려 깊은 은희가 가출을 하다니.

친구를 통해 어렵게 은희가 일하고 있는 식당에 찾아갔다. 은희는 학교뿐만 아니라 집에도 들어가지 않겠다고 강경하게 말하며 돌아섰다. 돌아서는 은희를 안으며 "짧은 순간의 판단이 인생에 오점을 남길 수 있다."고 이야기했지만 은희의 마음은 차갑게 굳어 있었다. 꼭 안고 놓지 않으려는 내게서 애써 빠져나가려고 하는 은희를 놓치고, 나는 길거리에 한참을 울며 서 있었다. 날마다 식당으로 찾아가 설득을 하던 어느 날, 은희가 자취를 감추었다. 식당 주인도 어디로 갔는지 알 수 없다고 했고 집에서도 마찬가지였다. 속수무책의 시간이 흐르고 있었다. 은희가 없는 교실에서 수업을 하고 조회를 하고 종례를 했지만, 어디선가 고생하고 있을 은희를 생각하면 가슴이 답답하고 목구멍이 아파 왔다. 은희의 빈자리에 시선이 머물면 눈물이 흐르고, 은희를 기다리던 나는 은희 엄마와 상의하여 내년에 다시 입학시키기로 하고 자퇴서를 받았다. 일주일 후에 은희에게서 전화가 왔다. "선생님, 제 생각이 짧았어요. 학교에 다니고 싶어요." "은희야, 조금만 빨리 선생님에게 연락했어도 학교에 다닐 수 있었는데, 지금이라도 생각이 바뀌어서 정말 다행이구나. 내년에 다시 입학해라, 선생님이 도와줄게."

은희는 다음 해에 재입학을 했다. 재입학 추천서에다 '경제적인 어려움 때문에 학교를 그만두었다.'고 썼다. 단정히 교복을 입은 은희에게 교과서를 챙겨 주면서 일말의 의심도 하지 않았다. 그해 6월, 은희는 또다시 무단결석하기 시작했다. 나는 2학년 담임이라 은희에게 직접 연락을 하는 일이 쉽지 않았다. 담임은 "사회 물을 먹었기 때문에 돌아오기 힘들 거"라고 쉽게 말을 했다. 나는 은희가 돌아오기를 기다릴 수밖에 다른 방법이 없었다. 끝내 돌아오지 않는 은희를 생각하면서 내 마음은 숯검정이 되고 있었다. 이해는 할 수는 있지만 받아들이기는 힘든 은희의 행동. 돌아오지 않는 은희를 기다리면서 보낸 시간 속에서 나는 또 다시 나락에 빠진 느낌이었다.

여름이 가고, 가을이 가고, 겨울방학이 왔다. 지친 몸과 마음을 다스리지 못해 끙끙거리며 누워 있는데, 뜻밖에 은희가 집으로 찾아왔다. 미운 마음보다 반가움이 앞섰다. 그러나 반가운 마음도 잠시, 방에 앉은 은희의 몸이 예사롭지 않아 보였다. 얼굴도 부었고, 아랫배가 제법 부른 것 같았다. 나는 은희에게서 다른 이야기가 나오기를 기다리고 있었다. "은희야, 어디 아프니?" "…선생님, 저 좀 도와주세요. 낙태 수술을 해야 하는데 돈이 없어요." 하늘이 노랬다. 설마 했지만 은희의 입으로 듣고 보니 놀라움이 더 컸다. 볼

링장에서 경리를 보다가 알게 된 종업원과 동거를 했다는 것이다. 처음에는 잘해 주다가 술만 먹으면 때려서 헤어졌는데 아이가 생겼고, 결국 낙태를 결심했단다. '오, 하느님! 이 어린 것이 무슨 죄가 있단 말입니까.' 6개월이나 된 아이를 낙태하겠다고 하니 나는 떨리고 무서워서 이성적으로 판단하고 조언할 힘이 없었다. 학생들에게 성교육을 할 때면 언제나 하는 말이 떠올랐다. "낙태는 살인이란다." 무엇이 현명한 것인가. 눈을 감으면 은희 뱃속에 있는 생명이 부초처럼 움직이는 장면이 떠오르고 눈을 뜨면 은희가 울고 앉아 있으니. 진정 누구를 위해야 하는 것일까. 미혼모를 만들 수도 없고, 낙태를 시키기도 양심이 허락하지 않는 상황, 진퇴양난이었다. 그러나 생명을 죽이라고 가르칠 수는 없었다. 6개월이면 다 자란 생명인데…. 나는 정신을 가다듬었고 은희에게 다시 생각해 보고 찾아오라고 돌려보냈다.

은희가 돌아간 후 오랫동안 자리에서 일어나지 못했다. 너무나 누추해져 있는, 선생이라는 이름의 내가 그렇게 초라하게 느껴질 수 없었다. 하루하루 불안하게 흘러갔지만 은희는 찾아오지 않았다. 가끔 전화를 걸어왔지만 별다른 말없이 그냥 내가 보고 싶다고만 했다. 작년 5월에는 얼굴이라도 한번 보자고 학교 근처 제과점에서 만나기로 약속을 정했다. 재잘거리는 여고생들을 보면서 은희를 기다리는 내 가슴 한쪽이 시려 왔다. 또래의 여고생들을 보면서, 은희를 기다리는 시간이 길어졌지만 은희는 나타나지 않았다.

1시간 동안 서서 기다렸지만 오지 않는 은희. 결국 만나지 못하고 전화 통화만 하게 되었다. "선생님, 약속 장소로 지나갔는데요. 들어갈 수가 없었어요. 다음에는 진짜 나갈게요." "그래. 다음에 꼭 만나자." 그렇게 통화한 후로는 연락조차 없었다. 그리고 또 1년이 흘렀다.

2000년 4월의 저녁, 퇴근하고 집으로 가는 길에 나는 정지 신호를 받고 있었다. 좌회전 깜빡이를 넣고 기다리는데, 작은 오토바이 한 대가 내 옆을 지나 우회전을 한다. 노랑머리다. 바람에 날리는 여자의 노란색은 길가에 활짝 핀 개나리 옆에 바짝 붙어서 어디론가 날아가고 있었다. 오토바이 뒷자리에는 보자기에 싼 커피 보온병이 자리 잡고 있었다. 머리카락 색깔의 강렬함 때문에 얼굴을 보게 된 여자, 은희였다. 내 제자 은희, 세상의 바람결에 흔들리고 나부끼어 황폐해진 가엾은 아이가 어느새 여자가 되어 있었다. 심장이 움직이지 않는 느낌이었다. 신호가 바뀌어서 뒤에서 한참 경적이 울려서야 나는 차를 출발할 수 있었다.

집으로 오는 짧은 시간이 한없이 먼 길처럼 느껴졌다. 돌아보면 나는 먼 여행길에서 많은 아이들을 만났다. 그중에는 어려운 형편에도 굴하지 않고 살아가는 아이들도 많았지만 은희처럼 전락한 천사도 있었다. 오늘, 3학년 진급 후 한 번도 오지 않은 선희가 출석 일수 때문에 퇴학되었다. 연둣빛 새순처럼 환하게 웃으며 교정에서 뛰노는 선희의 모습을 보고 싶었지만 끝내 돌아오지 않았다. 선희가 가고 나는 다시 은희를 생각한다. 12년 동안 선생이라는 이름으로 온전하게 아이들의 슬픔에 가 닿은 적이 있었던가? 아이들의 고민과 고통 속으로 걸어 들어가 진정으로 한마음이 되었던가? 늦지 않았다. 나는 지금이라도 아이들의 마음을 잇는 선생으로 태어나고 싶다. 그리하여 아이들의 가슴에 남는 '아름다운 선생님'이고 싶다.

아이들의 뒤편에서

연어가 찾아왔다. 수능시험을 치고 담임선생님과 진학 상담을 하러 온 것이다. 상담을 끝내고 내 자리에 와서는 금세 눈에 눈물이 그렁그렁하다. 여름방학 때 집을 나갔다는 어머니가 지금까지 연락이 없다며, 그 작은 몸을 내게 의지하고 운다. 아이의 눈물이 옷깃에 묻어올수록 내 마음은 한없이 엷어진다. 흐느낌에 가까운 아이의 울음이 잦아들기를 기다려, 손을 잡고 교무실 문을 열고 나왔다. 나는 연어에게 하늘을 한 번 보라고 말했다. 그리고 잠시 동안 아이와 같은 방향으로 하늘을 보았다. 산청의 아이들이 생각난다.

내가 첫 발령을 받은 경남 산청의 종합고등학교에도 연어처럼 어려운 아이들이 많았다. 1학년 인문반 아이들의 담임을 맡은 나는 시골의 아이들에겐 도시에서 온 낯선 여 선생이었다. 농촌 생활에 관해 아무것도 모르는 내게 아이들은 오히려 선생님처럼 가르쳐 주었다. 보리밟기, 보리 베기, 모 심기, 벼 베기…. 자연의 변화에 어우러져 살아가는 것을 배웠다. 그 속에서 소를 키우고 빈집을 지키며 혼자 사는 영식이도 만났다. 얼굴이 하얀 편이고 귀엽게 생긴 영식이가 혼자 살아간다는 것을 안 때는 사월이었다. 모란꽃 한아름이 내 책상 위에 있었다. 누가 가지고 왔는지 물었더니 반 아이들이 말해주었다. 모란 꽃밭을 보고 싶다는 핑계를 대며 아이들과 함께 영식이네 집을 찾아갔다. 구름고개라고 부르는 언덕 위에 대문도 없는 집이 있었다. 마당에는 풀이 자유롭게 자라고 있었다. 밭을 그대로 둔 것처럼 어설픈 마당 한쪽에 모란이 가득 피어 있었다. 소꼴을 베어 오던 영식이가 우리를 보고 놀랐다. 외양간에 들어가 소에게 먹이를 주는 동안 나는 처음으로 소의 눈을 가까이 볼 수 있는 기회를 얻었다. 누가 사슴의 눈만 예찬했을까. 너무 맑아서 샘물처럼 보이던 소의 눈망울이 영식이의 눈을 닮아 있었다. 외로울 때는 소와 마음을 나눈다는 영식이의 이야기를 들으며 내가 라면을 끓였다. 좁은 부엌에서 끓인 라면을 더 비좁은 방안에 둘러앉아 머리를 맞대고 라면을 먹었다. 이웃집에서 받았다는 김치를 유일한 반찬으로.

중학교 3학년 때였다고 한다. 친척 결혼식에 가던 승합차가 사고를 당해 일가족이 모두 사망하고 아버지만 간신히 살아남아, 부산에 있는 병원에 입원해 있고, 허리를 많이 다쳐 걸음걸이가 완전해지지는 않는단다. 어쩌면 혼자서 농사를 지어야 할지도 모른다면서 영식은 거친 평상에 몸을 누인다. 해 질 무렵이었기 때문일까. 영식의 실루엣이 처연하게 아름다웠다. 아이들과 나는 구름고개에 영식을 혼자 남겨놓고 집으로 왔다. 돌아오면서 몇 번이고 돌아보고 싶었지만 돌아보지 않았다. 떠나는 사람보다 남아 있는 이가 외로움을 감당하기가 더 어렵다는 것을 알았기 때문이다.

그날 이후 영식과 나는 친구처럼 편안해졌다. 나는 수시로 라면이며 밑반찬거리를 사들고 영식의 집으로 갔다. 그러면 영식은 뽕나무에서 딴 오디며 산딸기며 석류를 내 손에 쥐여 주었다. 혼자 모를 심고 벼를 걷고… 영식은 다 자란 청년 같았다. 그러나 막상 내가 울산으로 오게 되었을 때 녀석은 눈물을 보였다. 운동장 조회대에서 서서 인사말을 하다가 녀석이 고개 숙여 울고 있는 것을 보고 인사말을 끝내지 못했다. 녀석은 끝내 고집스럽게 이삿짐 차에 실려 울산의 내 집까지 따라왔다. 영식은 경호강에서 주운 돌멩이를 놓고 산청으로 갔다. 영식이 놓고 간 돌멩이로 우리 아들들은 공기받기놀이를 한다. 돌멩이를 던질 때마다 툭툭 부딪히는 영식의 얼굴이 오랫동안, 별빛처럼 쏟아져 내렸다.

하늘을 바라보던 연어가 돌아섰다. 빨래를 널러 집으로 가야 한다는 연어를 배웅하며 힘껏 안아 주었다. 돌아서 걸어가는 연어의 등 뒤로 초겨울 햇살이 따뜻하다. 아직은 혼자서 극복하기 어려운 숙제를 안고 걸어가야 하는 연어에게 나는 무슨 말을 했던가. 어떤 희망의 말로 연어의 가슴이 따뜻해질 수 있을까. 내 작은 사랑이 연어에게 닿기를 기다리는 것은 단지 나의 바람일 뿐, 연어는 혼자 자라서 제자리로 회귀할 것이다, 모천으로. 늘 그랬듯이, 아이들은 저절로 몸이 크고, 사랑은 그 사람을 움직이는 마음이니까.

미완성 자서전

가을 햇살이 아름답다. 운동장에 쏟아지는 만추의 햇살은 풋풋한 청춘의 어깨와 이마를 더욱 빛나게 한다.

세상을 모두 지배할 듯 날개를 퍼득이며 운동장을 가로누비는 열일곱, 열여덟의 청춘을 바라본다. 아름다운 청춘! 〈청춘예찬〉이라는 수필을 처음 만났을 때 나는 얼마나 가슴이 아팠던가.

내 나이 열일곱, 그때 나의 청춘은 아름다웠던가? 사업에 실패한 큰오빠, 직장을 잃은 작은오빠, 경제적 능력이 전무한 어머니…. 나는 그때 참으로 절망스러웠다. 어느 곳에도 빛이 보이지 않는 듯했다. 고등학교 1학년, 수업료 통지서가 나오면 암담함을 견디기 힘들었다. 버스를 타고 종점에서 종점까지 몇 번이고 왕복하다가 바닷가에 내려 밤늦도록 울었던 기억이 난다. 어린 조카를 업고 과일을 파는 언니를 찾아가서도 차마 회비 이야기를 꺼내지 못했던 시간들, 그 속에서 과외를 하거나 학원에 다니던 친구들을 얼마나 부러워했던가. 다행스럽게도 담임선생님의 관심과 애정으로 극복해 낼 수 있었다.

고등학교 시절, 한 번도 도시락을 싸서 학교에 간 적이 없었다. 점심시간이면 썰물처럼 빠져나와 화단턱에 걸터앉아 혼자 먹었던 100원짜리 빵, 서글픔이 목구멍을 타고 올라와 끝까지 먹지 못하고 쓰레기통에 버렸던 그 빵을 지금은 여유 있게 먹을 수 있다. 눈물 때문에 뿌옇게 흐리게 보이던 화단은 내 사색의 뜰이었다. 자연의 변화를 관찰하며 계절의 어김없는 순환을 경험하면서 나는 꿈꾸었다. 내가 대학생이 되고 선생님이 되어 이 땅의 척박한 교육의 밑거름이 되는 꿈을―.

봄날 아지랑이처럼 아롱아롱 피어오르는 빛바랜 시간 속에서 걸어 나오는 것은 무척 힘든 일이었다. 어렵게 대학 4년을 졸업하고도 발령을 기다리며 애태우던 시절, 그때도 절망을 건너는 법을 배우지 못해 혼자 낑낑대고 바둥거렸다. 그러나 기다림 끝에 보람이 있는 것인지, 내가 늘 소망하던 선생님의 꿈이 이루어졌다. 1989년 9월, 경남의 산청종합고등학교에 발령받았다.

생면부지의 산청으로 가기 위해 나는 서울역에서 기차를 탔다. 밤기차 속에서 잠을 이룰 수 없었다. 까만 어둠을 가르며 새벽이 이어져 오는 것을 가만히 응시했다. 어둠이 지나면 어김없이 여명이 온다는 진리를 깨닫는 순간이었다.

산청에서의 5년이 경호강에 흘러 녹았다. 시골에서의 고달픈 삶에 학교 다닐 의욕도 잃었던 B와의 만남도 그랬고, 교통사고로 부모를 여의고 혼자 남은 K가 서울로 떠나면서 내게 남겼던 약속도…. 경호강을 따라 내려와 나는 방어진이라는 낯선 바다에 닿았다. 고래 잡던 풍요로움은 사라졌지만 이곳에는 꿈을 꾸는 500여 명의 제자들이 있다. 자신의 가능성을 실현하기 위해 온몸으로 노력하는 아름다운 청춘의 군상! 겉으로는 아직 철없고 평온해 보이는 그들에게서 그 나이가 주는 고민과 방황의 아픔을 엿볼 수 있다. 내 청춘의 날들만큼.

나는 그런 아이들의 치료자가 되고 싶지는 않다. 깊은 강은 혼자 건너는 법을 익혀야 하므로. 오히려 나는 제자들의 좋은 친구이자 후견인이 되고 싶다. 슬픔을 나누면 절반되는 친구, 기쁨을 나누면 두 배가 됨을 가르치는 후견인.

나는 결코 쉽게 인생을 살아가지는 않으리라. 편안함에 젖어서 청춘의 고통을 외면하는 기성세대라는 이름보다는 언제나 나의 가슴 저리던 옛날을 기억할 것이다. 제자를 진심으로 사랑하고 그들의 아픔을 안아 주는 사람으로 살아갈 것이다. 그러나, 나의 초라한 시간을 훈장처럼 과시하고 강요하는 오류는 범하지 않을 것이다.

살아온 날보다 앞으로 살아가야 할 날이 많음에 감사하며 언제나 무상으로 주는 삶의 태도를 지켜 나갈 것이다. 그리고 가끔 이야기해줄 것이다. 청춘은 고통스럽지만 그러므로 아름다운 것이라고.

쇠기러기 한 마리

그는 나를 기다린 적이 없다. 어쩌면 나를 알지도 못한다. 나 혼자 오랫동안 짝사랑해온 것인지도 모른다. 겨울 철새들….

한 달 전, 인찬이는 담배를 피우다가 교무실에 불려왔다. 학생부 선생님은 습관적으로 인찬의 머리를 때리고 있었다. 서슬 푸른 학생부 선생님들 앞에서 주눅이 들어있는 다른 아이들과 달리 인찬은 다소 냉소적인 눈을 하고 서 있었다. 선생님의 회초리가 다시 머리 쪽을 가격할 때였다. 인찬은 자신의 머리 위로 쏟아지는 회초리를 막았다. 젊은 선생님의 손바닥이 인찬의 뺨을 때렸다. 순간, 인찬이의 눈이 서늘하게 빛났다. 맹수의 그것처럼 광기로 흔들리더니 학생부 지도 선생님의 얼굴에다 주먹을 날렸다. 악! 누구의 고함소리인지 구별조차 할 수 없는 상황에서 선생님과 인찬이는 엉겨 붙어 싸우고 있었다. 너무나도 갑작스럽게 벌어진 일이라 어쩔 줄 모르고 관망하던 선생님들이 하나둘 싸움을 말리며 인찬을 떼어냈다. 흥분이 가라앉지 않은 선생님은 죽여 버리겠다는 독설을 서슴지 않았고, 인찬이는 학교를 그만두면 된다는 막다른 심정으로 씩씩거렸다. 뒤늦게 사태를 알았다는 듯이 선배 교사들이 인찬을 끌고나갔다. 몽둥이를 든 많은 선생님들의 비호 속에 인찬이가 나가고 나는 깨어진 책상 유리를 치웠다. 날카로워 금세라도 손을 베일 것 같은 유리를 만지면서 인찬의 마음을 보는 것 같아 조심스러웠다.

인찬은 1학년이지만 또래들보다 두 살이나 나이가 많다. 2년 전에 입학했으나 학교에 적응하지 못하고 사회생활을 하고 왔다. 올해 재입학한 후 급우들과도 사이좋게 잘 지내고 있었다. 그러나 오랜 방황의 흔적인지 담배를 물고 있었다. 담배 검사를 할 때마다 교무실 복도에 꿇어앉아 학생부 선생님에게 지도 받는 처지가 되었다. 자신을 이해해주길 원하는 인찬이와, 어떤 예외도 허용할 수 없는 학교의 방침 사이에 생겨나는 팽팽한 긴장감. 여러 번 궤도를 이탈한 적이 있는 인찬이와 젊은 혈기를 제대로 다스릴 줄 모르는 학생부 선생님. 승자도 패자도 없는 끝없는 싸움. 아무도 피를 흘리지는 않았지만 나는 피투성이가 되어 황야에 버려져 있는 내 자신을 본다. 아수라장이 된 교무실에 남아 있는 선생님들의 모습을 본다. 남아있는 사람들은 씁쓸한 표정이다. 큰소리로 인찬의 행동을 비난한다. 가슴이 답답하다. 수런거리는 목소리에서 사태를 보는 동료들의 입장이 한쪽으로만 치우친다는 것을 알 수 있다. 교무실이 갑갑하다. 삼삼오오 모여서 웅성거리는 교무실에서 벗어나고 싶어 운동장으로 나왔다. 쇠기러기가 혼자 걷고 있었다. 두리번거리지도 않고 갈대 사이를 오가며 먹이를 찾는 쇠기러기. 저녁 무렵이라 다른 기러기들은 V자 모양의 편대를 이루어 이동하는데 쇠기러기는 동요 없이 느긋하다. 오십 년 만에 처음 날아왔다는 쇠기러기 한 마리. "끼루룩 끼루룩."

며칠 후 학생 징계 위원회가 열렸다. 인찬은 일주일간 학교에서 봉사활동을 하는 것으로 결정되었다. 쓰레기를 태우고 학교 구석구석 먼지를 제거한다. 교정의 나무에 비료 주는 작업도 맡겨졌다. 새 잎을 피우기 위해 휴식하고 있던 나무의 뿌리가 다치지 않도록 조심해서 땅을 파고 그 속에 비료를 넣는다. 나는 땀을 식히느라 쉬고 있는 인찬에게 가서 말을 걸고 싶은 마음을 주저앉힌다. 시베리아에서 주남저수지까지 혼자 날아온 천연기념물, 쇠기러기의 울음소리가 들린다.

어울려 살아야 하는 습성을 잊고 혼자 날아와 귀소 시간을 기다리는 겨울 철새의 울음이 인찬의 성대를 빌려 내게 들려온다. "기러기 울어 예는 하늘 구만리. 바람이 싸늘 불어 가을은 깊었네. 아아, 아아. 너도 가고 나도 가야지." 가끔 나는 다른 사람들에게 동화되지 못하는 자신을 발견한다. 날카로운 감정 때문에 사람들과 마찰을 빚을 때면 더욱 그렇다. 이럴 때는 영락없는 아웃사이더다. 번번이 고도에 혼자 남는다. 백열白熱하는 정서를 지니고서. 나는 인찬의 고립을 느낀다. 쏘아보는 눈빛. 자기 세계를 구축하고 싶어 하는 욕구가 늘 부정되었기 때문에 생겨난 어쩌면 자연스러운 몸부림이다.

겨울 철새는 이제 돌아갔다. 혼자 있던 쇠기러기도 제자리로 돌아갔다. 혼자 부딪혀 깨어져야 했던 인찬을 우연히 복도에서 만났다. "너 많이 맞았겠구나. 괜찮니? 좀 참을 걸 그랬지. 그렇게 충동적으로 행동하면 안 되지?" 내가 묻고 또 물었다. "예." 몇 번의 물음에 인찬이가 겨우 대답을 한다. 그리고 고개를 숙이며 지나간다. 혼자 걸어가는 쇠기러기의 뒷모습이 불안하다. 다른 쇠기러기 한 마리, 상심한 어린 쇠기러기를 바라본다. 운동장에서 메마른 바람이 복도를 타고 밀려온다.

어느 순례자의 꿈

다섯 살 난 세화는 부모가 없다. 세상에 태어날 때부터 아버지는 없었고, 어머니는 도망을 가고 없었기에 할머니가 키웠다. 컨테이너에 갇혀서 기저귀도 갈지 못하고 똥을 싸고, 그 자리에서 잠을 자고, 배가 고프면 일어나 밥을 삼킨, 세희는 다른 아이들보다 씹는 능력이 떨어진다. 캄캄한 어둠 속에서 늘 말했겠지.

세희: 할머니, 문 열어주세요.

할머니: ….

세희: 할머니 배고파요.

할머니: ….

천길 땅속에 갇힌 것 같은 두려움으로 울부짖는 아이의 목소리가 할머니에게는 들리지 않는다. 세희의 울음소리는 짐승의 그것처럼 둔탁하고 깊은 곳에서 울려온다. 말을 하지 못하고 세희는 단지 울음소리를 낼 수 있을 뿐이다. 눈물도 없이 소리로만 자신을 알릴 수 있는 다섯 살짜리 생명체, 그 아이를 누가 사람이라고 부를 수 있을까.

세희는 벽을 두드리다가 벽에 자신의 머리를 사정없이 부딪친다. 머리가 아프고 이마가 찢어져 피가 흐른다는 사실도 알지 못한다. 세상에서 세희의 존재를 알고 있는 사람은 할머니 한 사람밖에 없다. 생업에 바쁜 할머니는 아이의 출생 신고도 하지 않았다. 출생 신고가 안 되어 있어서 의료보험 혜택을 받을 수도 없고, 생활보호 대상자가 될 수도 없다. 할머니가 돌아가시자 아이는 어느 순례자에게 발견되었다. 할머니와의 이별을 아는지, 울기만 하던 세희가 순례자의 품에 안겨 금세 쌕쌕거리며 잠이 든다. 전동 휠체어에 의지해서 생활하는 순례자가 세희를 품에 안는 순간 꿈을 꾼다. 순례자의 꿈. 태어난 지 5년, 이름도 성도 없는 생명체를 존재로 승화시키는 꿈. 순례자가 아이를 데리고 동사무소로 간다.

동사무소 직원: 장애인은 입양할 수가 없어요.

순례자: 이 아이는 제 아이로 입양해야 해요.

동사무소 직원에게 순례자는 장애자일 뿐이다. 애원을 하지만 받아들이지 않는다. 끝내 아이는 다섯 살짜리 세대주가 된다.

동사무소 직원: 이름은요?

순례자: 박세희. 밀양박씨, 이름은 세상의 희망이 되라는 뜻이에요.

직원: 서울에서 발견되었으니 서울 박씨로 하죠.

"웩 웩 웩…."

"세희야, 왜 이러니?" 발육이 늦은 세희에게 우유를 먹이자 토를 한다.

"한 번도 먹어 보지 못했던 음식물에 대한 거부감입니다." 병원에서 의사의 말을 듣는 순간 휠체어가 거꾸로 구르는 듯하다. 인간으로 태어나면 저절로 먹고, 마시고, 걷는 줄 알았는데…. 가신히 이름 하나 얻은 박세희—세상에서 넘어야 할 벽이 많구나. 우유를 마실 수도 없고, 걸을 수도 없고, 말을 할 수도 없는, 거기다 자폐증이라니. 세희를 데리고 치료실로 간다. 여전히 컨테이너에 갇혀 있다고 생각하는 것일까. 표정이 없다. 그저 구석에 누워 있다. 그런 세희가 "엄마, 마마…." 소리를 내며 걸어오고 싶은 것일까. 세희는 기고 있었다. 아무것도 못 먹는 아이, 자폐아인 세희가 얼굴 가득 미소를 담고 마침내 순례자를 향해 기어오고 있다. 세상을 향해 걸어오는 아이, 기용이가 떠오른다.

기용이는 산청에서 내가 가르친 제자다. 농과반 1학년이었지만 키는 초등학교 4학년 정도로 작았고, 제 이름도 쓸 줄 몰랐다. 체육 시간에도 친구들처럼 축구를 하지 못했다. 운동장에서 땀을 흘리며 뛰고 있는 친구들의 모습을 말없이 지켜보고 있을 뿐이었다. 또래 아이들은 한겨울에도 찬바람을 헤치며 노는데, 기용이는 두 눈의 초점이 흐린 채 고개만 돌리고 있을 뿐이었다.

나: 기용아, 뭐 하니?

기용: ….

나: 축구하고 싶지 않나?

기용: ….

기용은 대답을 하지 않았다. 말을 못하는 것은 아닌데 관심이 없는 것 같았다. 사람에게 관심이 없는 대신 기용이는 물건에 대해서는 비정상적일 정도로 집착하고 있었다. 기용이의 가방 속은 보물 상자를 방불케 했다. 실습 시간에 혼자 교실을 지키면서 친구들의 볼펜이나 워크맨, 소형 드라이브에 이르기까지 손에 닿는 모든 것은 가방에다 넣었다. 가방을 들고 집으로 가던 기용이는 친구들에게 발견되어 교무실에 오게 되었다. 기용이의 가방을 열고 물건을 쏟아내자 머리를 벽에 부딪치며 소리를 지르는 자해 행동을 보였다. 기용이가 가진 질병은 '특이감각몰입증'이었다. 엄마의 따뜻한 손길을 경험하지 못한 아이들에게 올 수 있는 신경계 장애, 주의력 결핍, 언어 발달 지체도 동반되는 자폐증이었다.

모두들 기용이를 돕기로 약속했다. 친구들은 축구할 때 기용이와 함께하고, 선생님들은 따뜻한 마음으로 보살폈다. 기용이가 자신의 이름 석 자를 쓸 수 있도록 가르치기도 했다. 수업 시간에는 책을 읽을 수는 없지만 가만히 앉아있을 수 있게 되었다. 3학년이 된 기용이는 실습 시간에 혼자 있지 않고 돼지 축사 청소를 자원했다. 돼지의 분비물을 삽으로 쓸어 모아 리어카에 싣고 버리는 일을 하던 중 나와 운동장에서 마주쳤다.

나: 기용아, 뭐 하니?

기용: (말없이 리어카 안을 가리킨다.)

나: 여기 타라고?

기용: (미소를 띠며 웃는다.)

나는 기용이가 운전하는 리어카에 탔다. 기용이는 나를 태우고 운동장을 돈다. 아, 리어카 안에서 올려다본 하늘은 더 없이 푸르고 맑았다. 기용이의 얼굴 표정이 쪽빛 가을 하늘 같았다.

마침내 세희가 일어섰다. 5년 동안 걸어 본 적이 없는 아이가 찬란하게 일어선 것이다. 한 발짝 두 발짝… 걷기 시작하는 세희는 순례자를 향해 파도처럼 움직인다. 전동 휠체어에 몸을 실은 순례자는 세희를 안고 세상을 향해 말한다. 세상에는 가끔 기적이 일어나는 거라고. 그러나 기적은 저절로 일어나는 것이 아니라 사랑으로 만들어 가는 거라고.

세희와 기용이가 있는 곳, 그곳에는 순례자가 있다. 순례자의 꿈이 거칠고 낮은 세상의 어둠을 밝히며 환하게 불타오른다. 길 떠나는 순례자의 발걸음이 황량한 이 땅의 또 다른 기용이와 세희에게 닿아 따뜻한 꿈을 이루었으면 좋겠다.

민아와 솔이

"잘 있었어?"

살포시 안으면서 아이의 고운 볼에 얼굴을 대 보았다. 유리로 빚어 놓은 인형처럼 곱고 차가운 느낌이 왔다. 축구공처럼 부풀어 오른 머리는 키를 절반 가량 차지하고 있으며 조그마한 손과 발은 기운이 실린 아이의 앙증맞은 그것이 아니었다. 가는 숨소리가 들리지 않았다면 아이가 살았다고 느끼기 힘들었을 것이다. 잠들어 있는 순간에도 아이의 두 눈은 허공을 향하고 있었다. 세 살 난 민아는 무뇌증에 걸린 아이다. 의사조차 6개월을 넘기지 못한다고 했음에도 지금 3년째 살고 있다. 작은 침대에 누워 가늘게 숨만 쉬고 있는 아이. 가냘픈 두 다리는 한 번도 땅을 디디고 선 적이 없다. 그 아이를 만나고 돌아오는 날에는 마음속에 무성한 메아리들이 꿈틀거리며 살아 움직이는 소리를 듣는다. 처음 민아를 만난 날이 생각난다.

직사각형의 좁은 방에는 작은 유아용 침대가 있고 간이 부엌에서는 달그락달그락 그릇 만지는 소리가 났다.

"누구 없어요? 아무도 없어요?"

"…."

두리번거리는 내 눈에 자그마한 인형이 침대에 누워 있는 모습이 보였다. 숨소리조차 들리지 않은 아이를 들여다보다가 그 아이의 예쁜 눈동자를 만나게 되었다.

'세상에, 넌 살아있었구나!'

나는 자못 감탄을 하면서까지 아이를 보았다. 눈꺼풀이 움직이지 않아서 유심히 보지 않으면 아이가 살아있다고 판단하기 어려웠다.

"어서 오세요."

오랫동안 알고 지낸 사람을 맞이하듯 보모가 들어와 아이를 안았다. 아이는 신생아용 장갑을 끼고 양말을 신고 있었다. 토마토

즙을 떠먹이자 아이는 용케도 받아넘겼다. 아이의 작고 가느다란 혀는 이제껏 한 번도 햇볕 속으로 나온 적이 없는 음지식물의 뭉클뭉클한 속살 같았다. 나는 용기를 내어 아이의 뺨에 손등을 댔다. 가볍게 경련을 일으키는 아이. 그 아이가 "안녕하세요." 하고 인사를 하는 것이다. 세 살이지만 말을 하지 못하는 아이가 사람에게 자기를 알리는 신호로 자신의 몸을 가늘게 떨어 보이는 것은 또 얼마나 경이로운 일인지.

솔이가 생각난다. 솔이는 내 친구의 딸이다. 세상에 나온 지 백일도 되기 전에 머리가 풍선처럼 부풀어 올랐다. 여러 병원을 전전했지만 시원하게 병명조차 알지 못했다. 어렵게 아이의 병명이 뇌수종이라는 사실을 알게 되었지만 속수무책이었다. 수술로 머리에 고인 물을 빼냈지만 솔이는 정상이 아니었다. 심한 사시가 되어 눈의 초점이 맞지 않았다. 그리고 말귀를 알아듣는 것도 또래들보다 한참 늦었다. 백합처럼 곱게 생긴 솔이는 특수 안경을 끼고 있다. 뱅글뱅글 도는 두꺼운 안경을 끼고 있기에 놀이터에서 뛰어놀지 않고 조용하게 앉아서 노는 일이 많다. 이웃집 남자아이와 재미있게 놀다가도 어느새 삐쳐서는 눈물이 그렁그렁해서 돌아오곤 한다. 그리고는 자기 방문을 굳게 닫고 들어간다. 엄마가 방문을 열고 들어가기 전까지는 미동도 하지 않는다.

'자기만의 방을 가진 솔이, 그리고 민아. 둘이 서로의 방을 보여주면 어떨까?'

여름방학 때 친구와 나는 솔이를 데리고 민아에게 갔다. 민아에게 가는 길에 우리는 잠깐 바다를 보았다. 푸른 바다에 파도가 일 때엔 메밀꽃을 뿌려 놓은 듯 아름다웠다. 솔이는 자못 진지하게 말했다.

"엄마, 파도는 참 좋겠지?"

"왜?"

"부딪혀도 아프지 않잖아. 사람들은 조금만 넘어져도 아파서 우는데, 파도는 저렇게 많이 넘어져도 또 일어나잖아."

"우리 솔이도 얼마나 용감한데. 아파도 씩씩하게 잘 참는 어린이는 우리 솔이밖에 없어."

"정말?"

솔이가 금세 기뻐하였다. 환호성의 바다를 지나 시골길로 접어들 때까지 솔이는 즐거워했다. 시멘트로 포장된 길이지만 오랜만에 걷는 이 길 위에서 우리도 함께 노래를 불렀다.

햇살이 들지 않는 방에 민아가 누워 있었다. 갑자기 가슴이 두근거렸다. 어둠 한구석에서 반짝거리는 민아의 눈빛이 동방박사가 인도한 베들레헴 하늘의 작은 별처럼, 우리를 이끌어 자신의 주위를 밝혔다.

"엄마, 인형처럼 생긴 애는 누구야?"

"응, 민아라는 예쁜 아기야. 세 살인데 몸이 아파서 일어나지도 못한데."

"어디가 아파?"

"솔이처럼 머리가 아프대. 그래서 누워만 있어야 된대."

"나처럼 머리가 아프다고…."

말을 맺지 못하던 솔이가 자석에 끌린 듯 민아에게 다가갔다. 풀잎에 맺힌 이슬처럼 곱게 잠든 민아의 고운 얼굴에 솔이가 입술을 대자 뜬눈으로 허공을 향하고 있던 민아의 손을 잡고 일으켜 세우려 했다.

"안 돼, 위험해!"

나와 친구의 착각이었을까. 어느새 솔이는 민아의 손을 잡고 걸음마를 시키는 듯했다. 걸어지지 않는 슬프고도 기구한 걸음걸이가 정상인의 행진처럼 자연스럽게 느껴졌다. 하나 둘, 하나 둘, 까르르…. 이건 꿈일까? 환상일까? 축제일까? 차마 생각도 못했던 일을 솔이가 해낸 것이다. 우리 두 사람의 기우를 넘어 민아는 처음으로 지상에 발을 디뎌 본 것이다. 장애를 넘어서려는 솔이의 무의식이 민아와의 만남으로 발현되었다. 어디선가 새들이 지상에서 하늘로 날아오는 것 같다.

효정이의 휠체어

효행상을 받은 효정이가 그달 5월에 가출을 했다. 효정이가 첫 결석을 한 날에는 가벼운 몸살이 난 거라 생각하고 대수롭지 않게 전화를 했다. 전화번호를 눌렀지만 발신음만 날 뿐 응답하는 목소리는 들리지 않았다. 가족이 아무도 없는 건가? 수업이 끝난 후에 효정이의 짝인 윤경이와 함께 효정이네 집에 가보기로 했다.

방어진 종점에 내려 물비린내가 물씬 풍기는 해안 길을 한참 걸었다. 골목으로 들어서니, 바다를 등지고 제법 넓은 채소밭이 펼쳐진 곳에 효정이의 집이 있었다. 태풍이 불면 날아갈 듯, 슬래브 지붕 위에 있는 몇 장의 벽돌이 노끈에 엮어져 위태롭게 보였다.

"계십니까? 계십니까?"

여러 번 소리치자 방안에서 말소리가 들려왔다.

"나는 움직일 수 없으니 볼 일이 있으면 들어오슈."

조용히 신발을 벗고 여닫이문을 당겨 집안으로 들어섰다. 캄캄한 방안에서 역겨운 냄새가 코를 찔렀다.

"어디서 왔수?"

목소리만으로 효정이의 할머니임을 가늠할 수 있었다. 중풍으로 20년간 누워 계신다는 할머니는 어둠 속에서 겨우 형체와 목소리만 드러내고 있었다. 할머니에게 효정이의 결석을 물어 본다는 것은 어려운 일이었다. 별일 없이 그저 가정 방문을 온 담임선생님인 것처럼 태연하게 물러났다. 하루, 이틀, 사흘… 열흘이 지나갔다. 친구들을 통해 효정이가 가지고 있다는 '삐삐'에다 내 음성을 담아 보냈다. 그리고 편지를 받았다. 발신지가 서울인, 효정이가 내게 보낸 편지였다.

"선생님, 용서해 주세요. 그리고 저를 찾지 말아 주세요. 저는 학교를 그만두고 돈을 벌 거예요. 선생님을 실망시켜 드려 죄송합니다. 지금의 저로서는 이 방법밖에는 없어요. 돈 벌기 전에는 집으로 안 갈 거예요."

말릴 방도가 없었다. 서울의 어느 공간에 있다는 것인가. 무엇으로 돈을 벌겠다는 것인가. 이따금 효정이의 어머니가 학교에 오셔서 눈물을 흘리시곤 했다. 포장마차를 해서 어렵게 생활하신다는 말씀 속에는 중풍으로 누워 계시는 시어머님과 착하기만 해서 늘 사업에 실패한다는 남편의 한숨 소리까지 묻어나는 듯했다. 한 달이 지나도록 비어 있는 효정이의 자리에 시선이 멈추었다. '그 어린것이 얼마나 고생하고 있을까.' 생각하면 눈앞이 뿌옇게 흐려졌다. 효정이가 가출하기 전에 조금만 더 관심을 기울였더라면 예방할 수도 있었는데, 하는 안타까움이 일기도 했다. 수석 입학생에다 효행상까지 받은 아이라 문제가 없다고 여겼던 게 화근이다. 겨우 수업료 면제라는 장학금으로 효정이에게 큰 은혜라도 베푼 듯 그저 무심했다. 손길이 필요한 다른 아이들이 많다고 합리화 했다. '효정아, 넌 스스로 커라.' 하고 애써 내던져 놓은 것도 같다. 장기 결석자는 자퇴를 권유하라는 학교 관리자들과의 불화도 있었다.

효정이를 학교로 돌아오게 해야 한다는 나의 의욕이 점점 시들어 갈 즈음에 효정이가 돌아왔다. 가출한 지 두 달. 아무 말 없이 효정이를 가만히 안아주었다. 팔딱이는 작은 가슴의 고동 소리가 오랜 흐느낌과 눈물로 잠잠해질 때까지.

"효정아, 왜 돈을 벌고 싶었니?"

"할머니 휠체어 사드리고 싶었어요. 제가 크면 사드릴 거라 약속했거든요.”

“좀 더 자라서 어른이 된 뒤에 해도 늦진 않잖아, 아님 삼 년 후에도 괜찮고.”

“너무 늦으면…… 돌아가시면 어떡해요. 할머니는 제가 태어나기 전부터 방에만 누워 계셨어요. 할머니를 휠체어에 태우고 바다 한번 보여드리고 싶었어요. 우리 집 마당에 핀 접시꽃도요.”

열일곱 살 아이를 통해 나는 마음의 눈을 뜨게 되었다. 할머니에게 바다와 접시꽃을 보여 드리고 싶어서 휠체어를 사려 했던 효정이. 서울에서 고생만 하고 빈손으로 돌아왔지만 효정이 할머니는 이미 휠체어를 타고 계신 것이나 다름없으리라. 할머니가 돌아가시기 전에 약속을 지키고 싶어서 ‘가출’이라는 험한 길을 걸어야 했던 효정이의 효심은, 생활고를 핑계로 할머니께 무관심했던 부모까지 뉘우치게 할 수 있을 것이다.

효정이의 가출 이후로는 반 아이들의 마음을 들여다보려고 애쓴다. ‘필경, 저 아이들의 가슴에도 남모르는 장애가 있을 것이다. 그 장애들은 언제 어디서건 갑자기 효정이의 가출과 같은 별난 방향으로 튀어 나올지 모른다. 감춰진 장애들을 받쳐줄 든든한 휠체어를 미리미리 마련해야겠구나.’

거울 보기

아이들은 쉬는 시간이나 공부 시간에 손거울을 본다. 머리를 매만지고, 볼펜의 날카로운 부분으로 쌍꺼풀을 만든다. 식당을 나올 때 어른들이 거울을 본다. 밥을 먹고 나서 이에 고춧가루가 끼었는지 확인하기 위해서. 나도 지금 거울을 본다. 내 눈이 얼마나 탁해졌는지.

혜은이 가출한 지 40일이 지났다. 입학식 날 유난히 노란 머리를 한 혜은에게 검게 염색하고 오라고 귓속말을 했는데, 다음날부터 학교에 오지 않았다. 야간 근무를 하고 집으로 가던 혜은 아버지가 복도에서 나를 기다렸다. 딸을 걱정하시는 아버지의 눈물은 나를 한없는 우울감에 빠져들게 했다. 돌아서는 혜은 아버지의 때 묻은 작업복이 축축하게 젖어 보였다.

아이가 지쳐서 돌아오기만을 기다려야 하는 속수무책의 시간들이 지나고 있다. 어제, 아이들 세 명이 결석을 했다, 전날 종례 시간까지 멀쩡하던 아이들이. 애써 지각하는 것이라고 생각하면서도 불안감을 떨치기 힘들었다. 교무실에서 아이들의 집으로 일일이 전화하면서 '얘들아, 제발.' 나도 모르게 소망하게 된다. "정은이요, 아침에 학교 갔는데요." "집에서 몇 시쯤 출발했나요?" "일곱 시에 나갔는데요."

전화를 끊고 나니 온몸에 힘이 빠졌다. 또다시 세 명의 아이들이 가출한 것이다. 시작종이 울렸는데도 나는 멍청하게 앉아 있었다. 마음을 진정시킬 수가 없었다. 아이들이란 정말 가늠하기가 어렵다. 멍하니 시간을 한참 보내고서야 나는 허둥지둥 출석부를 들고 교실로 갔다. 수업을 하는 동안 내 모든 신경은 결석한 아이들에게 몰려 있었다.

"선생님, 무슨 고민 있으세요?"

눈빛만으로도 마음을 읽어 주는 아이들이 있어 그나마 위안이 되었다. 나는 어서 종이 울리기를 기다렸다.

종소리가 들리자마자 황망히 교실을 나왔다. 은정이가 말없이 다가왔다. 출석부를 들고 있는 내 손에 쪽지를 끼워준다. 그녀의 작은 손이 따뜻하게 느껴졌다.

"선생님, 사람은 누구나 자신이 건너야 할 사막이 있는 거래요. 걔들은 지금 그 사막을 건너고 있을 거예요. 너무 걱정하지 마세요."

점심시간이 되었고 나는 도시락을 열었다. 아이들의 얼굴이 떠올라 밥이 넘어가지 않았다. 당근, 양파, 감자를 잘게 썰어 볶음밥을 만들던 아침에 이런 일을 예상했던가. 시간이 어떻게 흐르고 있는지…. 저녁에 세 아이의 부모가 학교에 왔다. 한결같은 말씀들이시다. 자신의 아이들은 너무 순진하고 더없이 착한데, 친구의 유혹에 넘어갔다고 한다.

가출. 휘모리장단처럼 숨 가쁘게 나를 사로잡던 말. 나도 집을 나가고 싶은 유혹에 시달렸던 시간이 있었다. 고등학교 2학년이었을 때, 작은오빠 집에서 학교를 다녔다. 자율학습을 마치고 귀가하면 밤 11시. 텅 빈 아파트만이 나를 기다리고 있었다. 캄캄한 방에 전등 스위치를 켜는 순간, 외로움으로 목이 메었다. 야간열차를 탔다. 청량리행 완행열차는 초록 융단으로 치장되어 있었다. 심야의 벌판을 '불타는 초록빛'으로 달리는 기차에 앉아 나는 해방감에 젖었다. 의자에 기대어 앉았지만 쉬 잠이 오지 않았다. 철거덩철거덩… 레일을 구르는 바퀴 소리만 들려왔다. 새벽에 잠깐 지평선을 보았다고 생각했는데, 서울이었다. 사람들이 하나둘 짐을 들고 기차에서 내렸다. 싸늘한 공기를 안고 기차에서 내려서는 순간 안개 속에서 은밀한 소리가 들려왔다. '어서 와. 기다렸어.' 낯선 세계에서 듣는 유혹의 목소리. 두려움이 몸을 휘감았다. 불현듯 집이 그리워졌다.

밤늦게 혜은이 돌아왔다는 전화를 받고 혜은의 집으로 갔다. 오랜 가출 때문인지 몸도 마음도 지쳐 보였다. 왼팔에 깁스를 한 것으로 보아 생고생을 겪고 온 것으로 짐작되었다. 팔에 난 상처야 금세 나을 수 있겠지만 학교생활에 쉽게 적응할 수 있을지가 문제다. 새벽에 정은이 일행도 돌아왔다. 부산에 갔다 왔다는 이야기를 하면서 아이들은 목이 멘다. 아이들과 이야기를 했다. 파랑새를 찾아 바깥을 헤맨 사람이 있었지. 지치고 병들어, 내가 찾아 헤매던 파랑새란 없는 거야, 체념하고 집으로 오니 놀랍게도 자신의 방안에 행복이라는 파랑새가 지저귀고 있었다지.

일몰이 막 시작되고 있다. 창문 너머에는 연초록 이파리들이 너울거린다. 혜은과 정은이가 오월의 신록처럼 생기를 되찾았으면 좋겠다. 교실 문을 닫고 나오는데, 벽면에 걸린 거울 속에 우리들의 얼굴이 담겨 있다. 사진에 찍히듯 우리는 거울 속으로 정확히 밀고 들어가 알맞은 액자 구도가 되어 있다, 울어 퉁퉁 부은 눈을 마주한 채. 하나, 둘…. 웃어, 웃으라니까!

우리는 사막을 건너고 있는 중이다, 지금도.

내 마음의 소나기

소나기다. 유월에 내리는 세찬 비를 뚫고 아가씨 두 명이 교무실로 뛰어왔다. 어깨가 드러난 원피스는 조금 민망하다. 추워 보인다. 그런데 내 자리 옆에 서서 웃는다. 나는 고개를 들고 얼굴을 보았다. 빙긋이 웃는 모습이 기억이 날 듯 말 듯… 아가씨는 내 기억을 환기시키려고 한다. "선생님…." 말을 끝내지는 않았지만 그녀의 이름이 떠올랐다. 혜진이다.

2년 전 내 반 아이. 둥근 얼굴, 해사한 미소, 변함없는 모습. 오래 잊고 있었던 얼굴이다. 혜진은 내성적인 학생이었다. 1998년도에 입학해서 나와 인연을 맺은 것은 석 달 남짓, 그중에 학교에 와서 얼굴을 본 것은 겨우 한 달이 못 된다. 학교에 자주 결석하는 혜진이 때문에 중학교 때 담임과도 전화 통화를 했다. 중학교 때는 결석이 없었던 모범생이었단다. 집으로 전화를 했더니 혜진이 받았다. "학교에 오지 않고 뭐 하니?" "동생 보고 있어요." "동생이라니? 어머니는 어딜 가시고." "일하러 나가셨어요." 답답한 심정으로 집을 물었다.

차를 타고 자주 지나다녔던 마을 어디에 그런 집이 있었을까. 무허가 슬레이트집에 닿았을 때 혜진은 아기를 업고 나를 기다리고 있었다. 마당에는 가득 핀 별꽃이 텃밭을 채우고 있었다. 보일러 수리를 하는 부모님 대신 다섯 살짜리 남동생과 태어난 지 두 달밖에 안 되는 막냇동생을 돌보는 일이 혜진의 몫이었다. 비를 겨우 피할 수 있는 아슬아슬한 지붕 아래 두 명의 아이가 17세 보모의 보살핌을 받고 있었다. 누렇게 변색된 이불에다 아기를 눕혔다. 아기에게 우유병을 물리고 야쿠르트 두 병을 가져와 남동생과 내게 주었다. 우유를 먹는 혜진의 동생은 고급 침대에 누워 행복에 겨워하는 광고 속 아기들의 표정과 다르지 않았다. 갑자기 아기가 울기 시작했다. 혜진은 나보다 더 능숙한 동작으로 아기를 안고 트림을 시키고 흔들었다. 금세 아기는 잠이 들었다. "선생님, 저 아무래도 학교에 못 다닐 것 같아요. 내년에 언니가 대학에 가야 하구요. 동생들도 제가 보살펴야 해요." "혜진아, 언니는 대학까지 가는데 넌 동생을 돌본다고 고등학교를 그만두는 건 지나친 희생이야." "언니는 공부를 잘해요. 저는 못하구요. 나중에 검정고시 칠게요." 소나기를 맞은 느낌이었다. 17세 소녀가 자신의 처지를 비관하지 않고 담담하게 정리하는 것이 대견하고 놀라웠다. 무슨 말을 더 할 수 있을까. "알았다. 더 생각해 보고 결정해." 나는 비탈길을 걸어 내려왔다.

혜진이를 학교에서 다시 볼 수 없었다. 7월에 혜진의 퇴학 서류를 만들면서 혜진 부모를 떠올렸다. 겨우 얼굴만 아는 혜진의 부모를 이해하기 힘들었다. 부모의 무관심과 무책임 때문에 가족 중 혜진이가 희생되었다고 생각하니 더욱 그랬다. 날개 부러진 새. 2년 전 혜진의 모습이었다.

2년 후 오늘. 혜진은 옷차림만큼이나 많이 성숙한 모습이다. 수줍어서 말도 크게 안 하던 아이의 목소리가 제법 커졌다. "선생님, 제 친구예요. 같이 검정고시 학원에 다녀요." 그동안 아르바이트로 돈을 모았고 학원에 다닌 지는 두 달쯤 되었다고 한다. 예쁜 핸드폰까지 가지고 있는 것을 보니 열아홉이라는 나이를 찾은 듯해 안도감이 생겼다. 옆에 있는 친구는 웃을 때마다 볼우물이 고왔다. "춥겠다." 수건을 건네주니 좋아라 한다. 수건은 금세 물에 젖어 축축했다. 탁탁 머리를 흔드는 혜진이 고개를 들자 그 얼굴은 세월을 거슬러 어느덧 내 얼굴과 닮아 있었다.

내 나이 열일곱 살 때였다. 1980년, 공무원이었던 작은오빠가 해직되었다. 조카가 태어난 지 3개월 정도 지났을 때였던 것 같다. 오빠는 경험도 없는 가방 가게를 시작했다. 조카를 업고 시장에서 있는 올케언니가 안타까워 나는 토요일마다 아이를 보러 시장에 갔다. 교복을 입고 가방을 든 채 조카를 등에 업고 버스를 탔다. 일요일에는 조카를 내가 돌보아 주어야 했다. 시험 기간이었다. 친구들과 학교에서 공부하기로 했는데 조카를 보고 있던 나는 약속을 지키기 어려웠다. 버스를 타고 한 시간이 소요되는 거리에 있던 학교까지 조카를 업고 오가는 일도, 공부를 하는 동안 어린 조카가 제대로 있을까 걱정이었다. 그러나 참고서가 없었던 나로서는 선택의 여지가 없었다. 조카를 업고 띠를 매었다. 우유를 담아 가방에 넣었다. 책가방과 기저귀 가방을 나란히 들고 학교 가는 버스에 몸을 실었다. 아이를 업고 교실로 들어서는 나를 본 친구들의 눈이 휘둥그레졌다. 다행히 조카는 순하게 있어 주었다. 내가 공부를 하는 동안 우유를 먹고 잠이 들었다. 커튼을 벗겨 이불로 덮어주었다. 그런데 잠에서 깬 조카가 미처 기저귀를 갈 새도 없이 용변을 봐 버렸다. 부랴부랴 커튼을 걷어 빨았지만 흔적을 없애기에는 역부족이었다. 조카를 들쳐 업고 교실을 나왔다. 친구들에게 미안해서 더이상 있을 수가 없었다. 집으로 돌아오는 버스 안에서 미운 마음에 조카 엉덩이를 꼬집었다.

며칠 후 학기말 시험 마지막 시간이었다. 나는 답안지를 빨리 제출하고 나왔다. 정신없이 뛰어나가 운동장에서 비를 맞았다. 운동장 한가운데에 홀로 서 있는 소나무를 부둥켜안고 빙빙 돌면서 장대비를 하염없이 맞았다. 얼마나 시간이 흘렀을까. 까마득한 심연을 건너온 듯한 시각, 내 이름을 부르는 소리가 들렸다. 고개를 들자 교실의 창문들이 일제히 열려 있었다. 교무실에서도 선생님들께서 손짓하고 있었다. 완전히 벌거벗은 모습을 들킨 기분이었다. 호기심에 가득한 남학생들의 눈길과 걱정스런 눈빛의 선생님들 사이에서 얼마나 황망했던지. 선뜻 현관으로 들어서지 못하는 내 눈에 비에 젖어 온몸을 떨고 있는 별꽃이 보였다. 눈물을 흘리듯이 비에 젖은 별꽃. 화단에 피어 등하굣길에 내 발등에 닿았지만 존재를 알지 못했던 꽃이었다. 차라리 나도 꽃이었으면, 비였으면 싶었다.

세월이 흘렀다. 소나기를 맞고 나는 성장했다. 부러졌다고 생각했던 내 날개도 다시 자랐다. 혜진의 작은 날개도 보인다. 띠리리리리…. 혜진의 핸드폰이 울린다. "여보세요…." 혜진의 표정이 환하다. 전화를 받으며 조금씩 밖으로 나가는 혜진의 등 뒤로 어느새 비가 그쳐 있다. 풀빛이 곱다. 혜진의 마음이 늘 푸르고 곱기를 바라는 것은 나만의 욕심일까.

너희에게 가는 걸음

울산에 온 지 만 2년이 되었다. 이곳에 오기 전에 나는 경남 산청종합고등학교에서 6년간 아이들을 가르쳤다. 진주 연합고사에 떨어졌다며 절망하는 표정으로 살아가는 그곳 아이들에게 형식보다는 내용의 삶을 살라며 소리 높였던 기억이 난다. 늘 주변인으로서 살아가는 아이들의 가슴에는 먼지가 뽀얗게 앉아 있었다. 지리산에서 야영을 하면서 밤을 지새우고서야 자신을 열어 보이던 수줍음 많은 아이들, 제 고민을 이기지 못해 밤새 뒤척이다가 마음을 털어놓는 아이들, 번민을 견디지 못해 밤새 꺼이꺼이 울던 아이들…. 그 아이들의 가슴에 조금 조금씩 깨알 같은 글씨로 '사. 랑. 한. 다.' 고운 수를 놓았다.

아이들의 마음에 켜켜이 쌓인 먼지가 벗겨지고 눈빛이 맑아지는 것을 느끼는 기쁨은 어디에도 비견할 수 없을 것이다. 그러나 이곳 울산에서 산청에 있는 아이들에게 가슴을 열고 다가가는 것은 쉬운 일이 아니다. 아이들은 힘들게 가슴의 틈새를 열고 상처를 내보이지만 치료해 줄 사람도 상처를 어루만져 줄 자연도 없기 때문이다.

삼월에 나는 아이들과 가슴을 열어놓는 작업을 한다. 일상 속에서 자신의 이야기를 다 털어놓지 못해 가슴이 콱 막힐 때, 울고 싶어도 마음 놓고 기대어 울 수 있는 사람이 없어 답답한 아이들을 위해 나는 시간을 할애한다. 아이들에게 '나는 누구인가'라는 제목을 주고 글을 써오게 한다. 이제까지 억지로 해야만 했던 글짓기가 아니라 목메게 진실한 이야기를 담아보라고 한다. 언젠가 너희들도 어른이 되어야 할 테니…. 충분한 준비 기간이 흐르고 아이들도 나도 마음의 준비를 한다. 발표가 시작된다. 한 명 한 명 자신의 순서에 나간 아이들은 어느 누구도 형식적인 글을 써 온 사람은 없다. 그것은 참으로 오랫동안 절제해 왔던 자기반성이요, 벅찬 고백의 순간이다. 아이들은 터져 나오는 울음을 억지로 참거나 주먹으로 입을 막거나 흘러내리는 눈물을 닦으면서 글을 끝까지 발표하는 끈질긴 모습을 보여준다. 한 명의 마음이 모두에게 전달되는 순간이다. 아이들은 서로 공감을 하면서 고개를 들지 못한다. 공부를 못한다는 이유만으로 소외당하고 한 번도 주인공이 되어 살아보지 않았던 지난 세월이 아이들의 가슴에 어떤 상처를 만들었는지 누구도 모른다. 아니 알려고 한 사람들이 있었던가. 아이들의 깊고 뜨거운 가슴에 부모와 교사와 이 사회가 만들어 놓은 그 많은 편견이 얼룩져 있다는 것을 알고 있기나 한 것일까. 구겨진 종이를 아무리 다시 펴려고 해도 제 모습을 찾기 어렵듯이 상처 난 아이들의 가슴에 고운 무늬를 수놓는 일은 생각보다 어려운 일이다. 한 아이의 눈물이 앞으로, 옆으로 이어져서 조용한 흐느낌이 금세 통곡으로 변한다. 참으려고 힘껏 입술을 깨물어 보지만 어느새 나도 아이들과 한 덩어리가 되어 울고 만 적이 한두 번이 아니다. 평소에 자신을 잘 드러내지 않고 지내는 아이일수록 이런 순간을 기다리고 있었다는 듯이 내용이 알차고 진솔하다.

며칠 전에 발표한 수옥이의 경우가 그러하다. 수옥이는 학교생활을 하는 데는 별 문제가 없으나 얼굴이 늘 굳어 있어 쉽게 말을 걸 수 있는 상대가 아니다. 뭐라고 할까? 그 아이는 이미 어른들의 순수하지 못한 마음을 알고 있기 때문에 꿈을 상실한 표정이라고 할까. 어쨌든 그렇게 철옹성처럼 견고해서 아무도 들여놓지 않을 것 같은 수옥이가 공책 석 장 분량의 내용을 읽어 내려갔다. 차마 다 읽지 못하고 내 가슴에 안겨 끊임없이 우는 수옥의 등을 토닥이면서 나는 한 마리 작은 새를 안고 있는 느낌을 지울 수 없었다. 가난한 집안 형편에 폭력을 일삼는 아버지, 사춘기의 방황, 중학교 때 담임선생님과의 불화… 그리고 아버지의 돌연한 죽음. 수옥이의 가슴을 누르고 있는 무거운 돌덩이가 조금씩 부서져 사그락사그락 흘러내리는 소리가 들리는 듯하였다.

수옥아, 들었니? 간밤에 빗소리. 그것은 내가 네게로 가는 걸음이었는데, 언젠가 너도 기꺼운 마음으로 내게 오겠지. 아니 모든 사람에게 갈 수 있겠지. 그리하여 산청의 외로움과 울산의 삭막함이 어우러져 하나의 빛깔로 만날 수 있으리라, 기대한다.

단상斷想

1. 고구마 줄기

거실 탁자 위에 고구마를 키운다. 한 달 전에 싹이 난 고구마를 화병에 담아 물을 주었더니, 뿌리가 곱게 번지고 줄기가 자라기 시작했다. 파란 새 줄기를 보는 일이 즐거워 자주 들여다본다. 어린 시절에 꽃밭을 가꾸던 마음이 떠오른다. 채송화, 봉숭아, 맨드라미 심어놓고 잎이 나길 기다리며 너무 많은 물을 주어 죽여 버렸던 그때가.

고구마는 무성하게 자라서 탁자 위를 파랗게 물들였다. 누워서 자유롭게 뻗고 싶은 방향으로 뻗으며 성장의 기쁨을 누리고 있던 고구마 줄기. 난 욕심이 생겼다. 탁자 옆으로 지지대를 만들어 줄기를 위로 뻗게 하고 싶었다. 벽에 걸려 있는 동양화 액자 아래로 흰 무명실을 이어 올렸다. 나날이 무럭무럭 자라는 잎과 줄기를 보는 일이 아기의 성장을 지켜보듯 뿌듯했다. 그런데 어느 날부터 잎은 시들어 낙엽이 되고 줄기는 더이상 벽을 타고 오르지 않았다.

조바심이 생겼다. 화병에 물을 더 부어주고 볼 때마다 "어서어서 자라라."고 덕담까지 쏟아 부었다. 그럼에도 더 이상의 성장을 하지 않은 채, 오히려 줄기는 가늘어지고 잎은 싱싱함을 잃어갔다. 의욕이 없어져 버린 고구마 줄기. 어느새 뿌리에 잔발이 수염처럼 늘어나 화병 가득 메웠다. 그것은 위로는 자라지 않겠다는 항변으로 보였다.

고구마 줄기 하나도 내 맘대로 되지 않는데, 우리 아이들 마음이 내 맘대로 될까. 아이들의 마음은 더 큰 자유를 원하고 있는데 나는 아이들 영혼의 성장을 억압하고 있지 않은지, 우리 교육은 아이들의 성장을 제대로 돕고 있는지 생각해 볼 때다. 학교에서 내가 만나는 아이들은 고구마 줄기보다 더 민감한 존재이므로.

2. 천 개의 찬란한 태양

학교 안이 온통 타짜 열풍이다. 수업 종소리를 듣고 교실에 들어섰는데도 아이들은 화투에 몰입해 있다. 교실 뒤편에 자리를 깔고 앉아 화투에 눈이 쏠려 있는 아이들, 심지어 사회 시간에 '학자'를 발음했는데, '타짜'로 듣는 아이도 있다. 심각하다. 내 고등학교 시절에는 '우리를 슬프게 하는 것들'을 소리 내어 읽고 시를 암송하며 전람회에 가고 도서실에서 책도 빌려 읽었는데, 우리 학교 아이들은 도서실에 있는 책을 장식품으로 여기고 있다.

몇 년 동안 교사 독서 동아리 활동을 이끌고 있다. 전임 학교에서 친한 사람들과 2주에 한 권 읽고 토론을 하던 것이니, 햇수로 치면 10년째 모임을 하고 있는 셈이다. 이번 달에는 '천 개의 찬란한 태양'이란 책을 읽고 얘기를 나누었다. 아프카니스탄에서 태어난 여성이 비극적 삶을 마감하는 이야기였다. 여성이 인간으로서의 존엄함을 인정받지 못하는 땅에서 오직 생존만을 위해 살아가는 얘기가 커다란 문화적 충격이었다. 그러나 돌이켜보면 서구사회에서조차 여성이 사회적으로 평등한 대접을 받으면서 살게 된 역사가 60년도 되지 않았음을 알고 있기에 오늘, 여기에서의 내 삶이 축복처럼 여겨졌다.

작년에 미국에서는 오바마가 대통령으로 당선되었다. 1865년

노예해방 이후 150여 년에 걸친 인권투쟁의 승리였다. 오바마는 어린 시절의 불행을 딛고 정체성 혼란과 좌절을 극복하고 자신의 꿈을 이루었다. 오바마의 당선은 감동과 희망으로 다가온다.

때론 한 권의 책이 사람을 변화시키고, 한 사람이 또 다른 사람에게 큰 영향을 미친다. 나는 우리 반 아이들에게, 수업에서 만나는 학생들에게 어떤 영혼의 감동을 줄 수 있을까. 교단에서의 내 존재가 우리 아이들의 가슴 속에 '천 개의 찬란한 태양'으로 남고 싶은 것은 순전히 나만의 욕심일까.

3. 사랑하라, 한 번도 상처받지 않은 것처럼

살아가는 일이 너무 힘들고 버거워 새처럼 날아가고 싶은 순간이 있다. 사랑하는 사람을 잃었을 때와 믿었던 친구를 잃었을 때, 그리고 존경하는 선생님을 여의었을 때다.

열흘 전에 우리 반 아이의 엄마가 세상을 떠났다. 3년 동안 병상을 지키시다가 하늘나라의 부름에 응한 것이다. 중간고사 기간이라 반 아이들 모두를 야간자율학습 시키느라 낑낑거리는데, 아이가 제법 침착한 목소리로 엄마의 부고를 알려왔다. 마흔이 넘은 나는 아직도 죽음이라는 작별을 떠올리면 가슴이 떨리고 눈물이 왈칵 쏟아지는데, 열아홉의 아이가 이렇게 꽃들이 흐드러지게 피어 향기로운 시간에 엄마와의 작별을 덤덤하게 알려 왔다.

다음 날 우리 반 모두를 데리고 문상 갔다. 검정 양복을 입은 아이는 하루 만에 더욱 창백해져 있었다. 마치 살아계신 듯 환하게 웃는 영정사진 앞에서 나는 고개를 들지 못할 정도로 눈물이 났지만 참고 있는 아이의 슬픔 앞에 내 눈물이 사치로 여겨졌다.

너무 슬프면 눈물도 나오지 않는 것일까. 친정 엄마와 함께 살고 있어 나는 죽음과의 만남이 아직 낯설다. 언젠가 닥칠 그날이 내내 두렵고 그리고 아프다.

오늘 아침, 오랜 투병 끝에 세상을 떠난 장영희 선생의 '살아온 날의 기적, 살아갈 날의 기적'을 읽었다. 끝까지 강의를 하며 최선을 다했던 그녀가 집 뜰에서 환하게 웃는 생전의 사진을 보는 순간, 또 가슴이 아프다. 살아있는 현재가, 앞으로 만나야 할 죽음과의 포옹이 덤덤할 수가 없다. 어쩌면 나는 더 배워야할 것 같다. 어린 제자에게든, 그 누구이든 먼저 죽음과의 만남을 겪은 이에게, 그리하여 한 번도 상처받지 않은 사람처럼 그렇게 사랑하며 살아야겠다.

4. 남의 자의 슬픔

살아남은 자의 모습이 슬프다. 통곡하는 가족들을 보는 일이 참 힘들다. 그 황망함을 어디에 비유할 수 있을까.

어려움 없어 보였던 한 사람의 자살은 많은 것을 생각하게 한다. 사람들과 많은 교류를 하는 듯 보였고 겉으로는 편안하고 따뜻해보였지만 내면의 고통의 크기가 엄청났을 것이다.

학교에서 상담교사로 있으면서 자주 깨닫는 일이다. 밖으로 드러내지 않지만 아이들의 내면은 마치 천 길 낭떠러지처럼 깊고 아득하다. 새롭게 꾸며진 둥지에서 혼자만 적응하지 못한 채 겉도는 아이, 아르바이트로 알콜릭에 빠진 부모님을 오히려 부양하는 아이, 자신의 힘으로 대학학비를 미리 버는 아이, 사연도 가지가지다. 그런데, 공통점은 모두 외롭다는 것이다. 혼자 무인도마냥 그렇게 외롭고 쓸쓸해서 상담실로 온다.

따뜻한 차 한잔에 마음을 여는 아이들, 아이들의 이야기를 들어주면서 가끔 이 환경을 헤치고 끝까지 살아내 줄까 염려스런 마음이 들기도 한다. 그러나 오히려 이런 어려운 환경에서 자라는 아이들이 잡초처럼 어려움을 더 잘 극복하리라 믿는다.

과보호로 자란 아이들, 어려움을 겪어 보지 않는 아이, 고민하지 않도록 부모가 지나친 배려를 한 아이들….미래를 살아가기에 벅찰 것 같다. 그래서 교육의 책무를 더 많이 느낀다. 우리 아이들을 어떻게 가르쳐야 할 것인가. 고민하게 한다. 내 작은 사랑과 관심과 배려가 우리 아이들의 가슴에 희망을 심어줄 수 있을까.

심리적으로 건강한 사람이 가득한 사회, 최후의 선택을 하는 사람이 없는 세상을 꿈꾸며 오늘도 아이들을 만난다. 절망의 벽을 넘는 담쟁이넝쿨처럼 그렇게 자생력이 강한 아이들로 만들어 가는 것, 그것이 요즘 교단에서의 내 숙제다. 남은 자의 슬픔이 푸른 강물에 실려 갔으면 좋겠다.

몇 개의 삽화들

아침 6시, 어느 동쪽에서나 해는 뜨지만 유난히 지리산 한자락 산청의 햇살은 소담스럽다. 안개를 헤치고 밝아 오는 아침은 얼마나 경이로운가. 안개가 바람을 타고 서서히 움직이면 담채화처럼 산이 허물을 벗고, 나무는 제 농염한 가을빛에 겨워 웃기도 흔들리기도 한다. 실루엣만 남은 자작나무 이파리는 어디로 숨었을까.

강물이 불었다. 강가에는 아무도 없다. 인적이 드문 강가에서 새들만이 아침을 만들고 있다. 물안개가 피어오른 새벽 강에 손을 담그면 가슴에선 시가 일어나고 내 머릿속은 맑아진다. 나는 어제의 회의와 절망과 권태를 던져 버린다.

강물에 자꾸자꾸 얼굴을 담그고, 코도 풀어본다. 마침내 숨이 고르게 쉬어진다. 가끔 가을이 오고 가을이 깊어지면 까닭 없이 나는 침잠한다. 더할 수 없이 메마르고 건조한 삶에 빠져 있다는 끔찍함이 나를 한없는 무기력, 쓸쓸함으로 버둥거리게 하는 것이다. 아무와도 어느 누구와도 얘기하고 싶지가 않다. 낯선 곳, 나를 모르는 익명의 섬으로 도망쳐 한 달만 열흘만 일주일만 살았으면….

부질없는 소망의 뿌리가 자랄수록 나는 현실에서 벗어나지 못한다. 아니 존재 속으로 들어간다. 깊이깊이 침투한다. 내가 가진 일 속으로 몰입한다. 학교 일도 더욱 열심히 하려 한다. 학생들도 많이 사랑해 주고 싶다. 그러나 발목 잡힌다. 내 굴레는 질기고 견고하다.

10여 년 전의 일이다. 언덕길, 가파른 언덕 위로 교복을 입은 여고생 혼자 올라가고 있었다. 걸으면서도 초행길인지 여기저기 길을 묻고 있었다. 학력고사를 치른 며칠 후라 날씨는 매서웠다. 닿은 곳은 '혜성학원'. 유치원부터 고등학교까지의 과정으로 이루어진 정신박약아를 위한 특수학원. 여고생은 그곳에서 오랫동안 봉사하신 선생님과 이야기했다.

몇 년 후, 한 여대생이 바람 부는, 황량한 고갯길을 오르고 있었다. 겉으로는 머리가 조금 더 길어 어깨를 덮고 교복을 벗었을 뿐 다른 변화를 느끼기 어렵다. 그녀의 가방에는 '정신박약아의 사회적 적응에 관한 연구'라는 논문의 제목이 들어있었다.

다시 몇 년 후, 그녀는 다니던 직장을 그만두고 정신박약아를 돌보고 있었다. 아이들을 데리고-아이들이라 부르기에는 어색한 고등학교 졸업생-산이며 냇물을 찾아 다녔다. 그녀는 아마도 안개 속에서 그들의 길을 찾아주고 싶었던 모양이다. 그러나 보이지 않는 길에서 넘어지길 수십 번 생활이 목 조르는 소리를 듣는다.

오늘, 세월 속의 그녀는 선생님이 되어 농촌의 학생들을 가르치고 있다. 처음 올 때와 같이 여전히 농사일, 흙, 농촌 생활에 관해서는 아는 것이 없다. 그러나 그녀는 땀의 수고로움, 농부의 주름에 갇힌 아픔을 느낄 수 있게 되었다. 이루지 못했던 꿈들도 뜨거운 가슴 속 깊이깊이 파묻어놓고 지키고 있다. 스무 살이 되기 전부터 품었던, 그 푸른 날의 순수한 열정을 조금씩 풀어내리라. 남아 있는 날들을 더욱 소중하게 바라보고 이 세상에, 이 작은 안개마을에 미약한 힘 더하리라.

'사랑의 시 한 줄 쓰며 가능한 조용히, 비어서 살리라.

햇빛이 내리고 있다. 오늘은 날씨가 좋을 모양인가.

터널에서

퇴근길이었다. 아침저녁 익숙하게 다니던 터널 안에서 앞차를 박고 에어백이 터지는 사고를 냈다. 에어백에 부딪친 순간, 고개가 휙 돌아가며 정신이 아득해졌다. 달리고 있던 앞차가 왜 갑자기 멈추었던 것일까? 나는 왜 앞차가 멈추었다는 것을 보지 못하고 속력을 냈던 것일까. 마치 도깨비에 홀린 듯 혼란스러운 상황을 알기도 전에 난 터널에 갇혔다.

앞차에서 내린 사람은 소리를 지르며 욕을 했다. 나는 어떤 항변도 하지 못한 채 경찰을 기다리며 멍하니 비상 깜빡이를 켜고, 늘어선 차들을 바라본다. 다행히 경찰이 빨리 와서 나는 구조되었다. 견인차에 끌려 나온 내 차는 형체를 떠올리기 어려울 만큼 찌그러졌다. 오늘 아침에 상담했던 그녀가 떠올랐다.

그녀에게서는 늘 민트향이 났다. 짧게 자른 머리에 수줍은 미소를 띤 그녀는 웃을 때마다 두 눈이 하릴없이 감겨 정다움을 느끼게 했다. 1학년답게 유난히 짧은 머리에다 화장기 없는 순순함으로 내 눈길을 앗은 그녀는 여전히 웃고 있는데, 학교를 그만두려고 했다. 상담실에서 비스듬하게 누워있던 그녀는 나를 보자 천천히 일어나 예의를 갖추어 인사를 했다. 나는 그녀의 곁에 앉아 이야기를 듣는다. 작년 이맘때부터 사는 일이 의미가 없고, 감각도 못 느끼겠고, 매사에 감동이 없어 스스로 우울증에 걸렸다는 사실을 알았다고, 관찰자처럼 말을 한다.

날마다 죽음을 생각하고 어떻게 자살할 것인지 고민한다는 그녀의 눈빛은 너무도 간절하다. 그 옛날 미친 듯이 강물로 뛰어 들어가 죽은 남편을 따라 공후를 타면서 슬피 노래하다가 강물에 몸을 던진 '공무도하가'에 나오는 백수광부의 아내 같다. 비단처럼 부드러운 아이, 독특하고 개성적인 그녀는 MBTI 성격유형에서 INFP(잔다르크형)다. 자유로움을 추구하며, 이상적이고, 사람의 따뜻한 사랑과 관심을 먹고 자라는 그녀가 투신자살을 말할 때는 상담자의 가슴을 푹 찌르는 눈빛이다.

그녀가 받은 상처는 무엇일까. 어린 나이에 혼자 감당하기 어려운 일을 겪었을 그녀의 외로움과 두려움을 가늠하기 어렵다. 세상과 소통하지 않으려 하는 그녀의 침묵, 죽음을 결심하는 눈빛만이 그녀의 아픔을 드러내는 최소한의 몸짓이다. 끝없는 상실감과 지독한 배신감, 어린 나이로 감당하기 어려운 이별, 충격적인 몹쓸 일을 겪었는지 그녀는 마음의 문을 닫아 걸었다. 부모에게도 얘기하지 않고, 사설 상담소에 한번 가본 것으로 스스로 치유를 종료했다. 낯선 사람에게 제 마음을 털어놓고 싶지 않다는 그녀의 이야기를 듣는데, 몇 달 전에 먼저 자퇴한 지수 생각이 났다.

지수는 1학년 첫 수업에 들어가서 만난 예쁘고 영특한 아이다. 자신의 꿈을 발표할 때 다른 아이들보다 유난히 또렷하고 소신 있게 사회정의를 실현하는 검사가 되고 싶다는 꿈을 야무지게 설명하는 모습이 인상적이었다. 토론수업에서도 자신의 역량을 맘껏 발휘한 그 아이가 졸업을 얼마 남겨놓지 않은 어느 날 자퇴를 하겠다고 하는 이유가 궁금했다. 지수는 흔들림 없는 눈빛으로 단호하고 간결하게 자퇴를 고집했다. 그 이유는 "삶에 지쳤다."라는 것이다.

지수는 일곱 살 때부터, 재혼한 아버지와 양어머니와 언니들과 함께 살았다. 양어머니의 보살핌으로 고등학교 첫 중간고사에서 우수한 성적을 얻었다. 친구가 많고 활발하게 지내던 그녀가 어느 날, 과호흡 증상으로 쓰러졌다. 119에 실려 병원 응급실에 다녀온 이후로는 시도 때도 없이 쓰러져 친구들이 보건실로 데려가고 엄마가 학교에 와서 집으로 데려가곤 했다. 2학년 때는 음악을 한다며 진로를 변경했다. 표정이 조금 밝아지고 화장이 진해지더니 머리도 길게 늘어뜨렸다. 자율학습을 하지 않고 수업만 끝나면 음악학원으로 달려가느라 학교에서 쓰러지는 일이 없어 담임도 친구들도 걱정을 놓았다. 3학년이 되자 한 달쯤 학교를 다니던 지수가 갑자기 자퇴를 하겠다며 담임에게 통고를 했다. 자퇴 서류를 작성하기 위해 학교에 온 지수와 양어머니에게서 들은 지수의 삶은 듣기만 하는 것으로 마음이 아프고 고통스러웠다.

신용불량자가 되어 연락이 닿지 않는 아버지를 대신해 몇 년째 혼자 지수를 돌보았다던 양어머니가 2월 봄방학 때 지수를 친엄마에게 보냈다. 눈물을 흘리며 지수를 떠나보낸 양어머니는 그래도 친엄마가 나을 거라는 작은 희망을 갖고 있었다. 친엄마에게 마지막 희망을 품은 건 지수도 마찬가지였다. 그러나 재혼한 친엄마는 지수를 집으로 데려가지 않고 외할머니에게 맡겨 버렸다. 외할머니는 그런 지수를 부끄러워하여 외부와 단절을 선택하고, 엄마는 가끔 외가에 들러 얼굴을 보여주었다. 그러고는 재혼하여 낳은 동생에게 지수를 사촌 누나로 소개했다. 자신의 존재를 부끄러워하는 엄마와 외할머니를 만난 뒤로 지수는 죽고 싶다는 열망으로 하루하루를 지냈다. 이후 지수는 밤마다 악몽을 꾸고 과호흡으로 죽을 것 같은 고통을 호소한다. 가쁜 숨을 참지 못해 고함을 지르며 고개를 젓는다. 자신을 둘러싸고 있어서 저를 지배하려는 귀신에 대적하기도 한다.

열아홉 살 소녀가 감당할 수 없는 삶의 무게를 이야기하는데, 나는 해줄 수 있는 게 없다. 지수에게 조금만 참으면 졸업이고, 대학에 가면 네 삶이 달라지고, 새로운 세상이 열릴 거라고 차마 말할 수 없다. 아무리 해도 그녀의 고통에 닿을 수 없다. 밤마다 꿈속에서 저승사자를 만난다는 그녀의 버거운 삶을 겪어보지 않은 내가 무슨 수로 위로를 할 수 있을까. 그녀의 이야기를 들으며, 어린 그녀가 살아남기 위해 애썼던 순간순간이 마치 칼날 위에 선 무녀처럼 느껴진다. 상담을 하면서 그 아이를 설득시켜 학교에 다니게 할 수 있을 거라는 '희망고문'을 내려놓고 나는 그녀를 보내기로 했다.

삶과 죽음의 기로에 선 두 아이에게 어두운 터널을 벗어나면 밝은 세상이 나타날 거라는 희망을 이야기하는 것도 나의 오만이란 것을 깨닫는다. 내가 퇴근길에 겪었던 접촉사고를 통해 황당하고 당황스러운 삶이 한순간에 마주칠 수 있음을 알았다. 익숙한 길이라 사고가 나지 않는 것은 아니다. 낯선 곳에서만 길을 잃는 것도 아니다. 내게 닥치는 삶의 복병이 언제 어디서 날 쓰러뜨릴지 알 수 없는 지금, 난 하루하루 지나가는 일상이 그저 고맙기만 하다.

생의 어느 순간에 나타날지 모르는 깜깜한 터널에서 길을 잃지 않고 빛을 향해 걸을 수 있는 힘을 기르는 것이 필요하다. 청소년기에 정체감을 찾고자 방황하는 아이들의 시간이 진정 그들을 성장시켜 터널 속에서 바깥으로 걸어 나오기를 기다린다. 터널 끝에서 아이들을 기다리며 나는 오래오래 서 있고 싶다. 그때 내 몸에서 희미한 빛이라도 새어 나오면 좋겠다.

지킴이를 위하여

쉽게 잠이 오지 않는 밤에는 깊은 사념에 잠긴다. 사연을 알지 못하는 개구리, 맹꽁이의 울음소리가 논바닥을 울리고 비내리는 밤에 잠을 이루지 못하는 나는 집을 나선다.

눈둑길을 걸어 강에 다다른다. 밤안개가 아스라이 피어 마을의 신비를 더하고, 일에 지친 농부들은 혼곤한 잠 속에 행복한 내일을 꿈꾼다. 그 속에 낯선 이방인으로 서 있는 나는 이곳 농촌생활이 아직은 익숙지 못하다. 두 해 전, 처음 산청이라는 이곳에 발령을 받았을 때 그땐 참으로 난감했었다. 초등학교부터 대학까지 십수 년간을 도회지의 아스팔트 위에서 자란 나는 항상 농촌을 동경하고 있었고 어쩌다 여행지에서 맞이하는 밤하늘의 별이며 망초꽃이며, 이름 모를 풀꽃이 아름답다고 감탄을 했었지만 내 삶의 터전, 내 새로운 생활의 장이 산청에서 펼쳐지는 것에 대해서는 솔직히 두렵고 막막하기까지 했다.

상당한 용기가 필요했다. 내 오랜 망설임과 고민의 시간 속에서 나에게 자극과 희망을 준 사람은 남편과 친정 어머니였다. 힘들었던 대학 4년, 고통의 결실을 맺을 수 있는 기회를 놓치지 말라는 두 분의 의견이 나에게 다시 꿈을 심었다. 내가 가진 초라하고 작은 것을 나누고 싶은 마음, 나의 작은 지식을 공유할 수 있는 경남 유일의 교육학 선택 학교인 산청종합고등학교에 나는 부임하기로 결정한 것이다. 몇 권의 책과 옷가지를 챙겨 가방을 꾸렸다. 그리고 미지의 세계, 새로운 세계로 내 행운의 꿈은 달렸고 이 시골생활이 시작되었다. 조회대에서 첫 부임인사를 하던 순간, 그 떨림과 긴장의 시간 속에서 나는 학교를 휘돌아 흐르는 경호강과 웅장한 웅석산을 배경으로 당당하게 선 오늘의 젊음과 순수한 눈망울을 만났다. 바로 그들이 내 제자들이다.

비록, 도시의 학생들처럼 문화적인 혜택은 누리지는 못 했지만 농사짓는 것에 관해서는 모르는 것이 없는, 농기계 조작에 대해서는 누구보다 자신만만한 우리 학생들이 운동장을 가로누비며 축구를 할 때는 참으로 자랑스럽다.

그리고 그들이 농촌을 지켜 주었으면 하는 기대와 바람을 갖게 된다. 가끔 도시를 향한 동경으로 눈빛이 흐린 학생도 있고, 가출을 해서 나를 걱정시키는 학생도 있다. 그러나 그보다 많은 농군의 아들임에 당당하고 보다 나은 농촌의 내일을 설계하고 공부하는 제자도 많다. 그 학생들에게 늘 이르는 말이 있다. "살아 있는 대지는 너희들 것이다. 고된 노동의 결실로 더욱 풍요롭고 생생해질 것이며, 더불어 너희 인생도 아름답게 빛날 것이다."

모두가 떠나는 곳, 도시로 향한 막연한 동경이 부질없음을 깨닫고 여기에 남은 우리 제자들과 흙냄새를 맡으며, 개구리 울음소리 들으면서 지켜 갈 것이다.

이종화 수필집

달맞이꽃 울 엄마

인쇄 2019년 12월 16일
발행 2019년 12월 21일

지은이 이종화
발행인 서정환
펴낸곳 수필과비평사
주소 서울시 종로구 삼일대로 32길 36(익선동 30-6 운현신화타워) 305호
전화 (02) 3675-3885, (063) 275-4000 · 0484
팩스 (063) 274-3131
이메일 sina321@hanmail.net essay321@hanmail.net
출판등록 제300-2013-133호
인쇄 · 제본 신아출판사

ISBN 979-11-5933-256-2 03810
값 13,000원

이 도서의 국립중앙도서관 출판예정도서목록(CIP)은 서지정보유통지원시스템 홈페이지(http://seoji.nl.go.kr)와 국가자료공동목록시스템(http://www.nl.go.kr/kolisnet)에서 이용하실 수 있습니다.(CIP제어번호: CIP2019051701)

Printed in KOREA

※ 이 책은 2019년 울산광역시 울산광역시, 울산문화재단 울산문화재단의 지원을 받아 발간했습니다.